# 社会参画の授業づくり

持続可能な社会にむけて

泉 貴久・梅村松秀
福島義和・池下 誠　編

古今書院

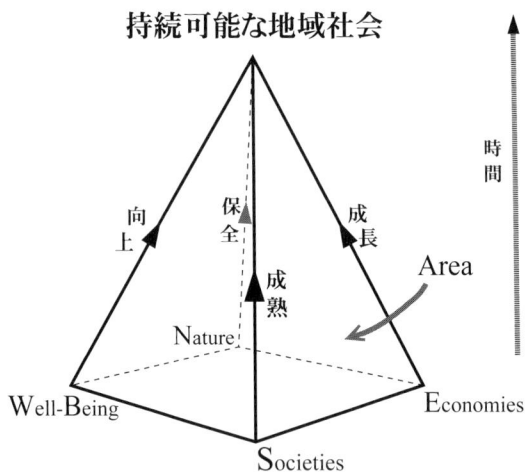

持続可能な地域社会の構築に向けてのモデル
（理論編 2 参照）

# The Geography Teaching for Connecting Local Area and The World:

Geography Education for Building Sustainable Society

Edited by T. Izumi, M. Umemura, Y. Fukushima
and M. Ikeshita

Kokon-Shoin, Publisher, Tokyo, 2012

# はしがき

　新学習指導要領に基づく授業実践が2011（平成23）年度4月より小学校において、2012年度4月より中学校においてそれぞれスタートし、2013年度入学生からは高等学校においてもスタートします。新学習指導要領の掲げる理念の一つに「持続可能な社会」構築へ向けての社会参画能力の育成をあげることができますが、そのような能力を身につけるために、各教科において問題解決・政策提言のプロセスを重視した授業展開がなされる必要があります。新学習指導要領が思考力・判断力を軸とした「探究活動」と表現力を軸とした「言語活動」を重視しているのもこのような理由によるものです。

　地理教育においても「持続可能な社会」構築へ向けてESD（持続発展教育）の理念を取り入れた授業のあり方が提唱されています。ESDとは、「持続可能な社会の実現をめざし、一人ひとりが、世界の人々や将来世代、また環境との関係性の中で生きていることを認識し、より良い社会づくりに参画するための力を育む教育」と定義されます。この定義から、本書のカバーおよび英文タイトルにも記した「地域と世界をむすぶ」視点こそが、ESDの実践に際して重要であると私たちは理解しています。

　しかしながら、学校現場からは「具体的に何をすればよいのかわからない」「これまでの授業と何が違うのか」「新しいことを試みるのは負担が大きい」などといった不安や戸惑いの声が聞こえてきます。私たちは、こうした声に耳を傾けるとともに、学校現場にESDが受け入れられるには誰もが実践可能なマニュアルづくりが欠かせないと考え、本書の企画・出版に至りました。

　本書は、実践編と理論編の2部構成になっています。実践編では、次ページ以降に示されるマトリクスにあるように、ESDの概念を取り入れながら、新学習指導要領の趣旨にも合致できるよう、学習者の主体的な学びのプロセスを重視した12の授業実践を収録しています。

　各実践は、ESDの理念と密接な「身近な地域」「社会参画」「多文化・相互依存」「地球的諸課題（グローバルイシュー）」の4項目に分類しています。いずれも中学・高校の地理授業において比較的手軽に実践できるものと考えます。読者の皆様が各実践を読み進めていくことで、授業のねらいやツール、そして生徒たちの学習活動がイメージできることを心がけました。また、それと同時に、授業実践の根底に流れるESDの理念にも気づいていけるよう工夫を施しています。実践によっては、ワークシート等が添付されているので、そのまま授業に用いることも可能です。

理論編は、「ESDと地理教育との関係」、あるいは、ESDを語る上で欠かすことのできない概念としての「社会的多様性」や「人間―環境エコシステム」をテーマにした3本の論考が掲載されています。各論考をご一読いただくことで、ESDの視点についてより広い見地から気づきが得られることを確信しています。

　なお、本書では随所にコラムのコーナーを設定しています。ここでは各実践で示されたキーワードの中で重要と思われるものを編者の方で選定し、これについての定義や最新の動向についてESDとの関係を踏まえながら具体的に論じています。

　本書は、2008～10年の2年間、日本地理教育学会内に設置されていたワーキンググループの一つである「ESD研究グループ」での活動が下地になっています。実践編の執筆は研究グループの当時の参加メンバーによるものです。校務等でご多忙な中、執筆を快くお引き受けいただいたメンバー諸氏には心より感謝申し上げます。

2012年5月吉日<br>
編者を代表して　泉　貴久

# 目　次

はしがき　　　　泉　貴久
実践編各テーマと「持続的な開発」概念とのマトリクス　　　　梅村松秀
実践編各テーマと学習指導要領地理・大項目とのマトリクス　　　　池下　誠

## 実　践　編

### I　身近な地域

1.1　身近な地域の調査 ― 先人の思いと社会参画 ―　　　　鈴木拓磨　　2
1.2　「安全な生活」とは？
　　　　― より良い生活環境を実現するために ―　　　　吉川真生　　11
1.3　みどりは町の財産！
　　　　― Google 画像で緑被率をしらべよう ―　　　　梅村松秀　　18

コラム　　国連ミレニアムエコシステム評価　　　梅村松秀　26

### II　社会参画

2.1　輪中地域における持続可能な土地利用の開発　　　　髙田準一郎　　28
2.2　地域力に根ざした持続可能な社会づくりと市民参加　　　　内野善之　　35
2.3　日本のエネルギー問題を考える ― 原発総選挙 ―　　　　柴田祥彦　　41

コラム　　ESD 3 領域 15 分野　　　泉　貴久　49
コラム　　ESD と自己実現　　　池下　誠　50

### III　多文化・相互依存

3.1　ムスリムとの多文化共生を考える　　　　永田成文　　52

3.2 持続可能なオーストラリアのあり方
　　　― 多文化主義の視点を通して ―　　　　　　　　　　池下　誠　60
3.3 モノの移動と世界の相互依存性
　　　― モノの相互依存から人々の相互理解・支援交流へ ―　宇土泰寛　67
　　コラム　多文化共生　　　　　　梅村松秀　75
　　コラム　新学習指導要領とESD　池下　誠　76

## IV 地球的諸課題（グローバルイシュー）

4.1 アマゾン熱帯林開発の現状と持続的発展　　　　　　　　泉　貴久　78
4.2 謎の円を追え
　　　― 水問題と地球温暖化問題と食料問題 ―　　　　　　伊藤裕康　88
4.3 人口問題と自己決定権
　　　― 将来何人子どもを持ちたいですか ―　　　　　　　福島聖子　96
　　コラム　生物多様性　　　泉　貴久　106
　　コラム　フードマイレージ　泉　貴久　107
　　コラム　自己決定権　　　福島聖子　108

## 理論編

理論編1　ESDの概念・特徴と地理教育
　　　　　― ESDの普及・発展へ向けて ―　　　　　　　　泉　貴久　110
理論編2　持続可能な地域社会の構築に向けて
　　　　　― 生物多様性から社会的多様性へ ―　　　　　　福島義和　117
理論編3　IGU／CGEが提起する21世紀地理教育パラダイム
　　　　　―「人間−地球」エコシステム ―　　　　　　　　梅村松秀　122
　　コラム　ロカリティ　　　福島義和　129
　　コラム　開発コンパス　　梅村松秀　130

あとがき　　福島義和　132
著者紹介　　　　　　134

## 実践編各テーマと「持続的な開発」概念とのマトリックス

| 実践編大分類 | 実践編各テーマ | ナショナル・カリキュラム地理 KS3 の概念 |||||| defra によって提起された持続的な開発の概念 |||||
|---|---|---|---|---|---|---|---|---|---|---|---|---|
| | | 場所 | 空間 | スケール | 自然と人間活動 | 相互依存 | 環境的相互作用と持続的開発 | 文化的多様性 | 市民としての権利と責務 | 生活の質 | 行動における不確実性と備え |
| I. 身近な地域 | 身近な地域の調査 ―先人の思いと社会参画― | ○ | ○ | | | | | | | | |
| | 「安全な生活」とは？―より良い生活環境を実現するために― | ○ | | | | | ◎ | | | ◎ | ○ |
| | みどりは町の財産！―Google 画像で緑被率をしらべよう― | | ○ | | | | ◎ | | | ○ | |
| II. 社会参画 | 輪中地域における持続可能な土地利用の開発 | ○ | | | ○ | | ◎ | | | | |
| | 地域力に根ざした持続可能な社会づくりと市民参加 | ○ | | | | | ◎ | | | | |
| | 日本のエネルギー問題を考える ―原発総選挙― | | | ○ | | | ◎ | | | | |
| III. 多文化・相互依存 | ムスリムとの多文化共生を考える | | | | | ○ | | ◎ | ○ | | |
| | 持続可能なオーストラリアのあり方 ―多文化主義の視点を通して― | | | ○ | | ○ | | ◎ | ○ | | |
| | モノの移動と世界の相互依存性 ―モノの相互依存から人々の相互理解・支援交流へ― | | | ○ | | ◎ | | | ○ | | |
| IV. 地球的諸課題（グローバルイシュー） | アマゾン熱帯林開発の現状と持続的発展 | | | | ○ | | | | | | |
| | 諸民の円を追え ―水問題と地球温暖化問題と食料問題― | | | ○ | | | ◎ | | ◎ | ◎ | ○ |
| | 人口問題と自己決定権 ―将来何人子どもを持ちたいですか― | | | | | | | | | ○ | |

注：イギリス環境・食糧・農村地域省 defra（＝Department for Environment Food and Rural Affairs）の提起した「持続的な開発」概念の枠組みを利用し、実践編各テーマがいずれの概念に当てはまるのかを整理した。実践上最も重視した概念は◎で示している。なお、defra の概念は『持続可能な開発のための教育パネル』(1998 年) に示されたものである。

（本マトリックスは梅村松秀が作成した）

## 実践編各テーマと学習指導要領地理・大項目とのマトリクス

| 実践編大分類 | 実践編各テーマ | 中学校学習指導要領 地理的分野 |  |  | 高等学校学習指導要領 |  |  |  |  |
|---|---|---|---|---|---|---|---|---|---|
| | | | | | 地理A |  |  | 地理B |  |
| | | (1) 世界の様々な地域 | (2) 日本の様々な地域 | | (1) 現代世界の特色と諸課題の地理的考察 | (2) 生活圏の諸課題の地理的考察 | (1) 様々な地図と地理的技能 | (2) 現代世界の系統地理的考察 | (3) 現代世界の地誌的考察 |
| Ⅰ. 身近な地域 | 身近な地域の調査 ―先人の思いと社会参画― | | ◎ | | | ○ | ○ | | ○ |
| | 「安全な生活」とは？ ―より良い生活環境を実現するために― | | ◎ | | | ○ | ○ | | ○ |
| | みどりは町の財産！ ―Google画像で緑被率をしらべよう― | | ◎ | | | | ○ | | ○ |
| Ⅱ. 社会参画 | 輪中地域における持続可能な土地利用の開発 | | ○ | | | ○ | | | ○ |
| | 地域力に根ざした持続可能な社会づくりと市民参加 | | ○ | | | ◎ | | | ○ |
| | 日本のエネルギー問題を考える ―原発総選挙― | | | | ○ | ○ | | ◎ | ○ |
| Ⅲ. 多文化・相互依存 | ムスリムとの多文化共生を考える | ◎ | | | ○ | | | ○ | ○ |
| | 持続可能なオーストラリアのあり方 ―多文化主義の視点を通して― | ◎ | | | ○ | | | | ○ |
| | モノの移動と世界の相互依存性 ―モノの相互依存から人々の相互理解・支援交流へ― | ○ | | | ◎ | | | | ○ |
| Ⅳ. 地球的諸課題（グローバルイシュー） | アマゾン熱帯林開発の現状と持続的発展 | ◎ | | | ◎ | | | | ○ |
| | 謎の円を追え ―水問題と地球温暖化問題と食料問題 | ◎ | | | ○ | | | | ○ |
| | 人口問題と自己決定権 ―将来何人子どもを持ちたいですか― | ○ | | | ○ | | | ◎ | ○ |

注：実践編の各テーマが中学校・高等学校の学習指導要領地理の大項目とどのように関連しているのかを示している。最も関連性が強いとされるものについては◎とした。なお、各大項目を構成する中項目・小項目については学習指導要領 (http://www.mext.go.jp/a_menu/shotou/new-cs/youryou/index.htm) を参照されたい。

（本マトリクスは池下誠が作成した。）

実践編
# I 身近な地域

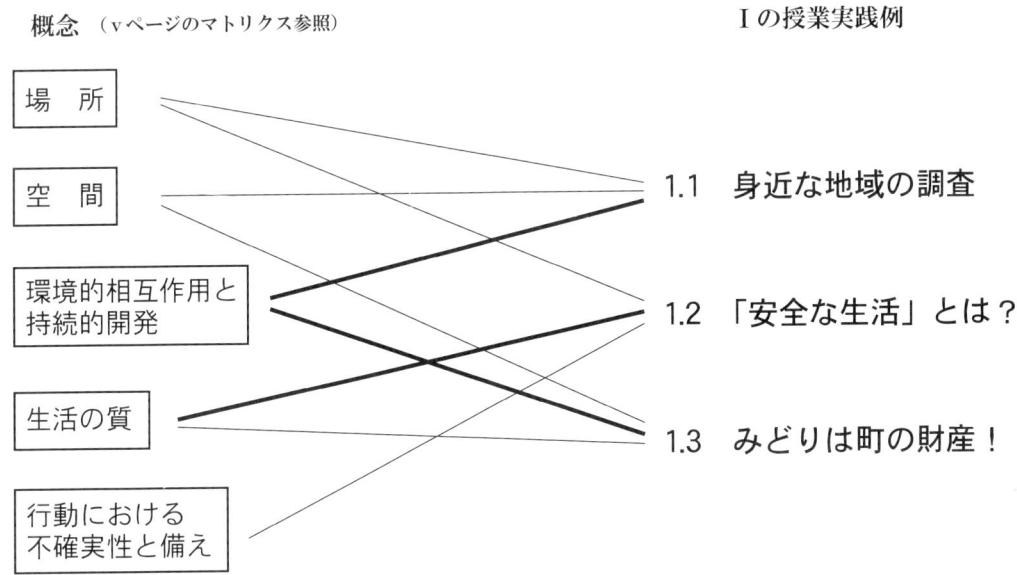

■**学習指導要領との対応** （viページのマトリクス参照）

中学校　　地理的分野　（2）日本の様々な地域
高等学校　地理A　　　（2）生活圏の諸課題の地理的考察
　　　　　地理B　　　（1）様々な地図と地理的技能
　　　　　　　　　　　（3）現代世界の地誌的考察

実践編　I　身近な地域

# 1.1　身近な地域の調査 ── 先人の思いと社会参画 ──

鈴木　拓磨

❈ キーワード ❈
**身近な地域の調査、社会参画、先人の思い、区画整理、より良い地域**

## 1. 「先人の思い」を取り上げて社会参画を促す授業を行う意義

　平成20年度版の学習指導要領で新たに「世界の諸地域」や「日本の諸地域」の学習が加わった。ここでは地域的特色を読み取り、その地域の美点を維持・発展させる方法や、地域の課題に対する解決方法を多面的・多角的に考えさせることが求められている。このような学習を繰り返し行うことで、論理的かつ合理的な思考力・判断力・表現力を養っていくことができる。ただし、両者はともに身近な地域から遠く離れているケースがほとんどである。そのため、現地の人々には受け入れられないであろう現実離れした意見が生徒から出てくることも多々ある。また、「自分で○○をやってみよう」「自分も、住んでいる町で△△をやっていきたいと思った」などと、より良い地域の形成に寄与していこうという「社会参画」の意識を高めたとみられる生徒は少数にとどまっていた。

　しかし、身近な地域において持続可能なより良い社会のあり方を考えていく際には、自分自身が無関係ではいられない。なぜなら、自分の考えが実現可能かどうか、実現の必要性があるかどうかを肌に感じられるからである。また、地域に住む様々な立場の人を思い浮かべることもできるため、独りよがりな、または中学生の立場でのみ考察することも回避しやすい。これが「身近な地域の調査」において、「社会参画」の意識を養っていく意義である。ではなぜ「先人の思い」を土台にして「身近な地域の調査」を行うのか。

　生徒たちが身近な地域を学習する際に、地域をつくってきた「先人の思い」（あるいは現在まちをつくり、守っている人々の思い）に触れるとする。すると、自分たちの住む地域に対する愛着がこれまで以上に湧くはずである。今住んでいる地域は長い年月をかけて、あるいは短い年月だったとしても、より良い地域をつくっていこうという「先人の思い」の元に形成されてきたことに気づくからだ。生徒たちは、努力や工夫によってつくり上げられてきた自分の町を、さらにより良くしていこうと思うはずである。これこそ、「社会参画」の意識や態度を養うことにつながるのではないだろうか。

　教師の側も、地域に込められた「先人の思い」を知ることで地域の特色をつかみ、授業プランを練ることができる。加えて、生徒が地域的な特色を読み取るための指標を教師自身が見極めることができる。本実践では、「先人の思い」が区画整理に表れていることから、現在の整理された区画道路について調べ、道路幅や歩道の有無を中心に町の特色を調査することとした。

　フィールドワークを実践する際も、地域への愛着が強ければ強いほど、より良い地域にしていこ

うという意識をもって臨めるはずである。以上が「先人の思い」を土台にして「身近な地域の調査」を行う意義である。本稿では、東京都練馬区豊玉地域を事例に、身近な地域の調査学習において、「先人の思い」をどのように探っていくのかを中心に取り上げる。

## 2. 単元の指導計画
(1) 単元のねらい
①地域の変化に込められた先人の思いを新旧地形図の比較やフィールドワークから読み取って地域への愛着を深め、持続可能なより良い地域へ向けて自ら参画していこうとする態度を養う。
②新旧の地形図の比較やフィールドワークなどを通して豊玉地域の美点や課題を見いだし、持続可能な地域の形成へ向けて、自分たちに何ができるのかを多面的多角的に考察する力を養う。
(2) 単元の指導計画（表1参照）
(3) 単元の評価
①地域をつくってきた先人や現在の人々の思いを基に、豊玉地域の特色や課題に対する関心を高め、それらを意欲的に追究することで地域社会の形成に参画しその発展に努力しようとする態度を身につけている。【関心・意欲・態度】
②豊玉地域の地理的事象から課題を見いだし、身近な地域の調査などによって収集した資料、調査の視点や方法を基に多面的・多角的に考察したり、公正に判断したりしてその過程や結果を地理的なまとめ方や発表の方法により適切に表現している。【思考・判断・表現】

## 3. 授業実践の詳細
「身近な地域の調査」は各地域でのフィールドワークの実施を前提とする。身近な地域を自分たちの目で見て生きた資料を自ら収集することで、他の単元では得られない現実的な学びとなるためである。本実践では2時間目から4時間目までが「先人の思い」に触れる授業にあたるため、以下にその組み立てと実践の詳細を述べる。

まず授業を組み立てる際に、国土地理院が所蔵している過去の地形図を手に入れ、現在の地形図と比べる。豊玉周辺の地形図は明治42年頃のものにまでさかのぼることができた。その中で、昭和4年（資料1）から昭和12年（資料2）にかけて土地区画が激変していることに気づいた。背景は以下の通りである。

旧東京市が市域を拡張するにあたり、現在の練馬も板橋区として東京市に編入されることとなった。そこで中新井村（現豊玉地域）は幹線道路（現在の環七や目白通り）の敷地確保を含む区画整理を構想し始めたようである。加えて大正12年に起こった関東大震災で被災した人々が、当時の東京市郊外にあたる練馬にも多数流入した（以上、『練馬区史』より）。練馬の中でも中新井村の人々は時代の趨勢を敏感に読み取り、自分たちの地域が人口増加に伴い住宅地化されていく未来を予見した。当初は村役場から啓蒙書（資料3）が出されるなど行政側からの働きかけもあったようである。しかし、最終的には地域の先人たちが動いた。地主層を中心として土地区画整理組合を独自に結成し、基金をつくって宅地の乱開発が起こる前に土地区画整理を断行したのである。その精神は、まさしく持続発展可能な地域の造成にあったといえる（資料4）。関係者のご家族に伺ったところ、資金難や地主同士の対立などの困難を乗り越えて日夜作業を行い、ようやく成しとげた大事業だったという。

このように、自ら所有する土地を削って道路や公園を造成して地域の発展を目指した「先人の思い」が現在の豊玉の町並みに詰まっている。約70年前に整理された区画が、現代にほぼそのまま残っているからである。

これらの内容を、時に教師から伝えつつ、主に

表1 単元指導計画

| | 学習項目 | 学習内容 | 学習形態 |
|---|---|---|---|
| 1 | 地図の読み方 | ・地図の役割や地形図の決まり（縮尺、方位、地図記号など）を理解する。 | ・個人 |
| 2 | 身近な地域の過去と現在① | ・新旧地形図の比較から、地域がどのように変化してきたのかを読み取り、身近な地域の特色に気づく。 | ・個人<br>・グループ協議 |
| 3 | 豊玉地域の過去と現在② | ・新旧地形図の比較から読み取った内容を班ごとに発表する。また、ゲストティーチャーのお話から過去と現在の地域の特色についての理解を深める。 | ・個人<br>・グループ協議 |
| 4 | 地域の変容にみる先人の思い | ・前時までに読み取ったように、地域が変容した理由を考察する。<br>・豊玉地域は住宅街として持続可能なまちづくりを行おうとした先人の思いが込められていることを、「区画整理の趣旨」（資料3）や「啓蒙書」（資料4）などの文献資料から読み取り、地域への愛着を深める。 | ・個人<br>・グループ協議 |
| 5 | フィールドワークの準備 | ・班ごとに調査エリアを確認する。<br>・道路の幅や歩道の有無など調査の指標を示し、調査方法を学ぶ。<br>・班内の役割分担を行い、それぞれの役割を理解する。<br>・町の人にインタビューする準備を行う。 | ・個人<br>・グループ協議 |
| 6<br>7 | フィールドワーク | ・第5時に分割したエリアや指標に従って班ごとに調査を行い、その成果を各係が白地図などに記録していく。 | ・フィールドワーク |
| 8<br>9 | フィールドワークのまとめと発表準備 | ・フィールドワークの成果を基に、発表用の地図を作成する。<br>・完成した地図から地域の特色（美点や課題）を班ごとに読み取り、ワークシートにまとめる。 | ・グループ協議 |
| 10<br>11 | フィールドワークの成果発表 | ・第8、9時でまとめた地域（担当エリア）の美点や課題、よりよい地域を形成していくためにすべきことについて各班で発表活動を行い、「よりよい地域を作っていくための提案」を班ごとに考えてまとめる。 | ・グループ協議<br>・プレゼンテーション |
| 12 | より良い地域へ向けて―社会参画― | ・「よりよい地域をつくっていくための提案」を班ごとに発表する。<br>・班発表の課題や美点の指摘に対して、実行・実現可能な意見の分類（1. 自分自身で実行可能なプラン、2. 親や地域の人々の協力があって初めて実現できるプラン、3. 行政機関の働きがあって実現できるプランのいずれにあたるかの判断）を行う。<br>・「よりよい豊玉・まちづくりプラン」を各自で作成して発表を行い、持続可能な地域の形成へむけて自分に何ができるのかを考察する。 | ・プレゼンテーション<br>・個人 |

　新旧地形図の比較から読み取らせる。生徒が、地域や先人の行動に対する感謝の念を抱くとともに、愛着を深め、「先人の思い」を受け継ぎ、現代に生かしていこうとする姿勢を養う。これが2時間目から4時間目までの最大のねらいである。

　2時間目には導入で過去の地形図を配布した（資料1）。神社や旧道などを目印にして自分たちの通う学校はどのあたりにできるのかを考えさせるなどして地域の過去の姿に興味を持たせる工夫をした。次に、現在の地形図を配布して、何がどのように変化したのかを読み取らせた。生徒からは「広い道がいくつもできた」「道が真っすぐになった」「道路が碁盤の目のようになった」など区画整理に連なる意見が多数出た。

　次に昭和12年の地図（資料2）を配布して、その変化がはるか昔に起こっていたことに気づかせ、変化の背景については4時間目に考えさせた。

　3時間目は、2時間目に読み取って班でまとめ

た内容を前半で発表させて、地域に起こった出来事の共通理解を図った。後半では区画整理当時の頃とまではいかないが、それに近い時代の景観を知っている地域の方に来ていただき、生徒の質問に答えていただいた。地図だけではなく、実際の生活を感じる形で当時の農村風景が想像できた生徒も多くいたようである。

　4時間目には、区画整理に込められた「先人の思い」を班ごとに考察させた。最初は地形図の変化から考察させたが、後に資料3、4等を配布してその意図を読み取らせ、班ごとに発表させた。また、学校付近の公園内に区画整理完成当時（昭和16年）に立てられた区画整理碑（資料5）の存在に気づかせることで、「先人の思い」やその存在を身近に感じることができたようである。

　これらをベースにフィールドワークや、そのまとめを5時間目から11時間目までかけて行って地域的特色（美点や課題）を見出し、最終的には自分たちの住む地域を今後どのようにしていくべきかを考えさせた。

## 4. 授業実践のふりかえり

　本実践で生徒から得られた意見や感想を紹介する。感想は、毎授業後にワークシートに書かせている一言感想欄から（ワークシート参照）、意見とは、12時間目に生徒自身が考えた、より良い豊玉地域の姿とその理由、実現方法を筆者が簡潔にまとめたものである。

☆地域のために考えることは大切だと思った。
★この町のために私も動きたい。
☆まずは豊玉という地域を愛することから始める。
★これからの豊玉をつくっていくのは自分たちなんだと感じた。
☆自分たちの町は自分たちで守っていけるように、協力し合いたい。
★豊玉をよりきれいな町にしていくように心がけていきたい。
☆地域への呼びかけなど自分でできることをしたいと思った。

　以上のように、自由に書かせた感想でも、地域への愛着を深め、社会参画の意識の高まりを感じさせるコメントが多数あった。本実践が示す「身近な地域の調査」に一定の成果が挙がっているといえるだろう。

　また、より良い豊玉へ向けての考察からは、次の意見・感想がでた。

★先人は区画整理をして、住みやすい地域にしてくれた。それをもっとより良くするために必要になるのは安全な場所、安心できる場所だと思う。そこでより良い豊玉地域の姿とは「緑が豊かで安心して暮らせる」地域である。そのために、緑はこのまま維持し、安全の確保はガードレールや街灯を設置する。安心については人々の交流の場を設けて人と人の触れ合いによる安心感を増していければいいと思う。
☆フィールドワークの成果から、細道の多い地域が確認できた。ここでは狭い分、危険が多く住みにくい面があると考えられる。そこで「誰もが住みやすく、安全でいい町と思えるよう協力できるような地域」にしていけたら良いと思った。また、先人は、豊玉地域の発展のために、約70年前に大きな区画整理を行ってくれたのだから、それに沿うようにすれば（例えば景観的にも環境的にも良くなるように緑を町で積極的に増やしていくなど）、もっとより良い町になると思った。そのために、町全体で協力して、家庭菜園をしたり街路樹を育てたりする。また、今の緑の景観を大切に保っていく。ガードレールやカーブミラーなど行政も関わってくる問題には、やはり、町全体で協力し、行政に呼びかける。

（10ページへつづく）

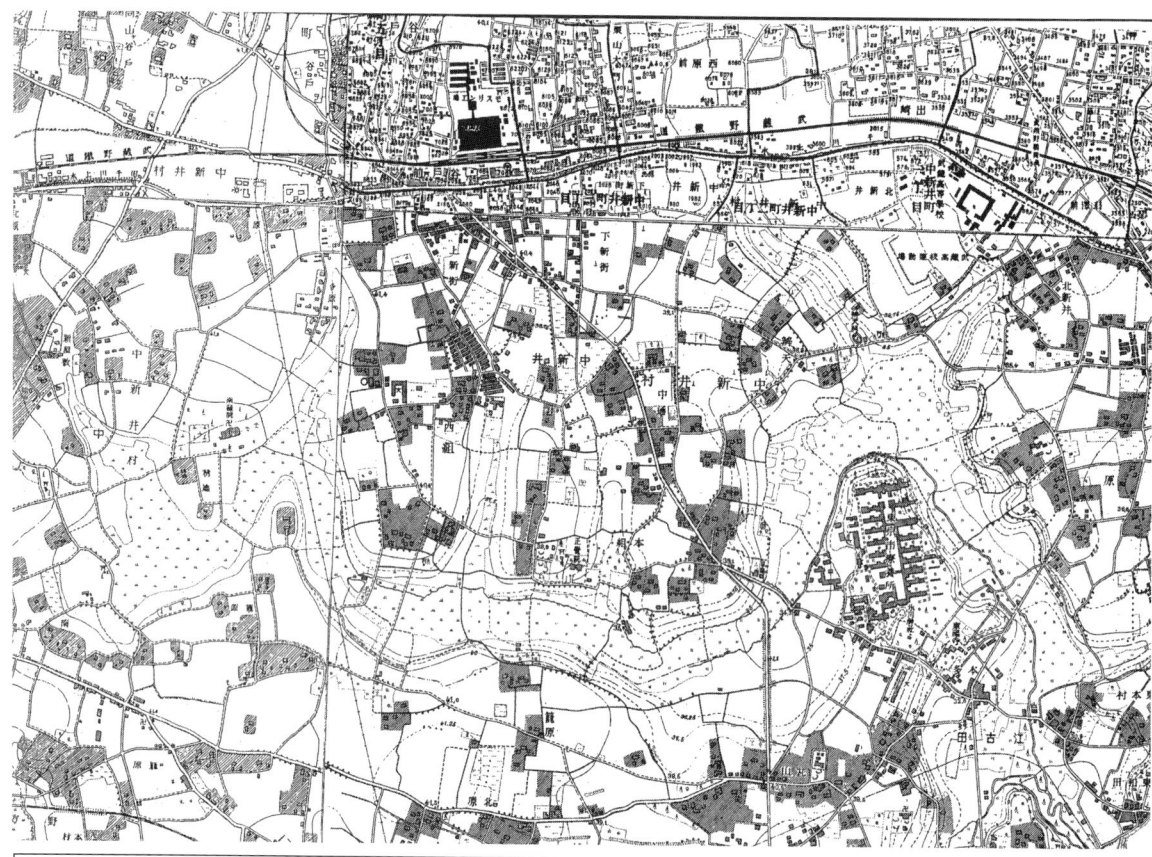

↑資料1　昭和4年頃の豊玉地域
国土地理院 1万分の1地形図「新井」「荻窪」「練馬」「石神井」昭和4年測図。

「中新井村当局から住民に配布された啓蒙書」（昭和5年）

　近時東京都市の急激なる発展は、近郊我が中新井にも以上発展を見、人口、戸数の激増、家屋の新増築めざましいものがあり……このままで発展にまかせておきますと、旧来の紆余曲折した道路、幅員の狭い道路、そして排下水の不良、家屋の乱雑な屋並等のために、将来交通、保安、衛生上、遺憾の点が多く……

　さきに大東京市建設の大計画を発表されました。我が中新井村もそのうちに包容され、将来は村全部が住宅地として進むべき運命を与えられたのであります。

　かくのごときは、我が中新井村及び村民の将来の発展上まことに特筆大書すべき大計画でありまして、本村将来の帰趨を明らかにしたものと考えられます。ただこの実現方法について最良の方法は土地区画整理組合を作り……土地を所有する者は自分の土地を『住み良い土地』にしてその地方の完全な発達を期するということは、一つは公共的義務であると同時に、真に共存共栄の基礎とも見られるのではないでしょうか。

←資料3　「中新井村当局から住民に配布された啓蒙書」

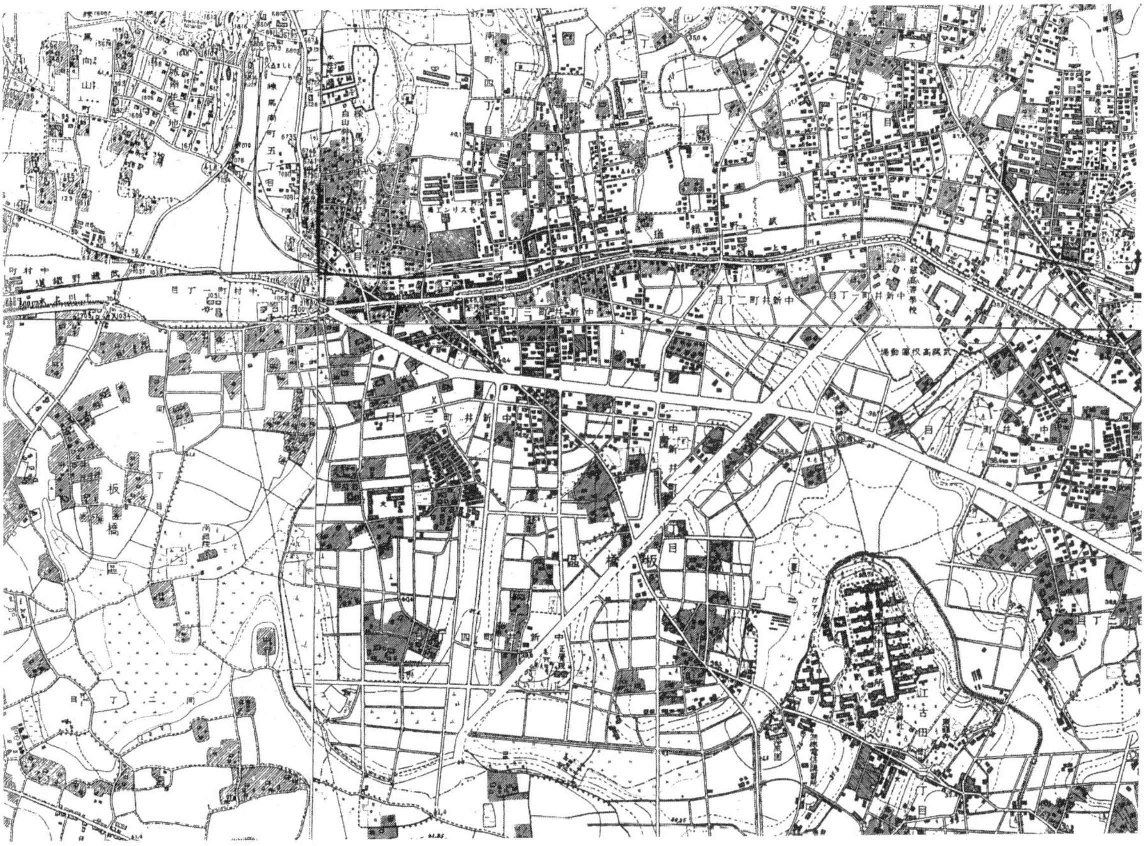

資料2　昭和12年頃の豊玉地域
国土地理院 1万分の1地形図「新井」「荻窪」「練馬」「石神井」昭和12年測図。

「中新井第一区画整理事業の趣旨」
一、都市計画によって決められた計画路線の実現を促進すること。
一、区画街路を新設して健全な市街地を造成すること。
一、排水計画をたて、小公園などを設置して環境を整え、公共の福祉を増進し、快適なる住宅地を育成すること。
一、複雑な町名番地を整理すること。
（『練馬区史』七九三頁）

資料4　「中新井第一区画整理事業の趣旨」

資料5　「区画整理碑」
豊玉中学校付近の徳殿公園内。

# 53 区画整理に込められた先人の思い

別紙資料：地形図

組　番　氏名

**目標**
① 区画整理の背景を読み取ろう。
② 豊玉地域の区画整理に込められた先人の思いをよみとろう。

★1　昭和16年、中新井町であったこの地域が豊玉に生まれ変わりますが、なぜ地名を豊玉としたのでしょうか。

★2　学田公園を探して地図Bにチェックしましょう。

★3　「学田」にはどのような由来があるでしょうか。

## 資料①

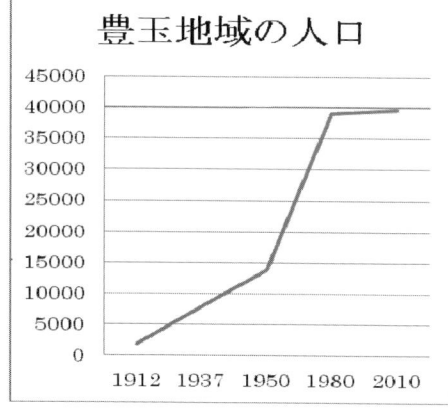

＜豊玉地域の人口＞

| 西暦 | 人口 |
|---|---|
| 1912年 | 1880人 |
| 1937年 | 7902人 |
| 1950年 | 13895人 |
| 1980年 | 39055人 |
| 2010年 | 39638人 |

※1915年：武蔵の鉄道開通
※1923年：関東大震災

## 資料②：第2回：「豊玉地域の変化」班発表のまとめ（A，B組）

地図A（昭和4年）
- 田畑や果樹園がある
- 荒れ地や原っぱが多い
- 道が曲がりくねっている
- 千川上水がある

→
- 道が真っすぐになった
- 道が多くなった
- 道が碁盤の目のようになった
- 道幅が広くなった
- 環七・目白通りができた

区画が整備された

→ 地図B（平成11年）
- 住宅地が増えた
- 学校が増えた
- 病院が増えた
- 建物が増えた
- 公園が増えた
- 田畑や荒れ地がなくなった

## ◆豊玉地域の変化の理由

（1）豊玉地域は地域の地主の人たちが中心になって区画整理行われました。（普通は役場の人や会社が計画的な町づくりをするために行う）では、<u>豊玉地域の先人たちは、どのような思いで区画整理を行ったのでしょうか</u>。自分の考えを書いた後、班で意見交換しよう。

＜自分の意見＞　　　　　　　　　＜班の人の意見＞

＜クラスの意見＞

| | 感想 |
|---|---|
| ・ワークシートに主体的に取り組むことができたか　　　　　　　　　　（Ａ　Ｂ　Ｃ　Ｄ）<br>・豊玉地域へ込められた先人の思いを理解することができたか。　　　　　　（Ａ　Ｂ　Ｃ　Ｄ）<br>・豊玉地域への関心や愛着が深まったか。　　　　　　　　　　（Ａ　Ｂ　Ｃ　Ｄ） | |

（5ページからつづく）

具体的に「先人の思い」を絡めて意見を書いているものを中心に挙げた。いずれにせよ12時間目（まとめのワークシート）では、全体の75％が、「自分が○○していきたい」と自分自身を当事者としてとらえ、より良い地域のあり方を考察している点が最大の成果だといえる。フィールドワークを経て自分の目で見て感じた地域の美点や課題を資料としている点がやはり大きい。そこに、「先人の思い」から感じとり、考えたことも少なからず影響を及ぼしていることが、生徒の考察からわかる。

地理的分野の授業では、本実践のように地域的特色をもとにより良い地域について考えることで持続可能な地域のあり方を考察することができる。今まで以上に地域に愛着を持たせることで、より積極的な社会参画の姿勢を養うことも可能である。これらを土台に、公民的分野の知識も加えることで、より深く持続可能な社会について考察していくことを生徒にも伝えて授業を終えた。

しかし、新学習指導要領では3年生でも歴史的分野を扱っていく。公民的分野へスムーズな接続をするためには、歴史的分野でも持続可能な社会について考察し続けていく必要がある。歴史的分野において、どのようにして地理的分野での学習成果を生かしつつ授業を展開し、公民的分野へつなげていくのかが今後の課題である。

## 5. 読者へのメッセージ

本実践で示した「身近な地域の調査」はあくまで一例であり、豊玉地域でみられる地域的特色（区画の整った町並み、道路）についての調査である。したがって、本実践を他の地域で、そのまま行うことは難しい。しかし、どのような地域にも現在の地図（町並み）に至るまでの歴史、つまり地域へ込められた「先人の思い」があるはずである。それを過去の地形図との比較によって読み取り、調査することで明らかにしていくことは可能であろう。

以上のように「身近な地域の調査」において、新旧地形図の比較による特色（特に「先人の思い」）やフィールドワークの指標を獲得し、愛着をもたせて主体的に考察させることで、「自分が地域に対して何かできないか」と自然に考えるようになる。「身近な地域の調査」において、「社会参画」の姿勢を養うために「どのような授業をすればよいのか？」と考えている方々にとって、少しでも実践のヒントになればと思う。

## 6. 教材開発のための文献リスト

共栄信用金庫創立二十五年記念誌編纂委員会編（1959）：『創立二十五年記念誌』共栄信用金庫創立二十五年記念誌編纂委員会

練馬区歴史編さん会編（1982）：『練馬区史―歴史編―』東京都練馬区

練馬区歴史編さん会編（1982）：『練馬区史―現勢編―』東京都練馬区

練馬区土木部公園緑地課編（1988）：『みどりと水の練馬』練馬区土木部公園緑地課

徳田賢二・神原理編（2011）：『市民のためのコミュニティ・ビジネス入門―新たな生きがいプラットフォーム作り―』専修大学出版局

練馬区教育委員会編（2011）：『私たちの練馬』練馬区教育委員会

実践編 Ⅰ　身近な地域

# 1.2 「安全な生活」とは？
## ── より良い生活環境を実現するために ──

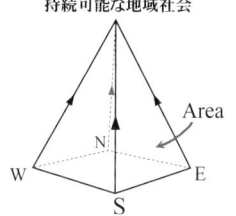

吉川　真生

❀ キーワード ❀
**安全、地域、事故、事件、災害**

## 1. 「安全」を地理授業で取り上げることの意義

　2011年3月11日の東日本大震災は記憶に新しい。筆者も授業中の教室で大きな揺れに遭遇したが、日頃からの訓練の成果が生かされ、大きな混乱もなく子どもたちとともに避難することができた。「備えあれば憂いなし」とはいうものの、緊急事態に備えて学習を行ってきてもなお、このような事態に実際に身を置いてみると、迫ってくる危険への対応は一様なものではないことに気づかされる。そして、危険は決して他人事ではないということと、安全というものが当たり前にあるのではなく、日頃から意識し、備え、さらに対策を打って取り組むことが大切なのだと改めて痛感する。

　子どもたちを取り巻く危険は、災害に限ったことではない。子どもたちは登下校時やプライベートな時間の中で、交通事故や不審者による声かけ行為、つきまといなど、日々様々な危険に遭遇する可能性がある。安全と危険に関わる生活の諸問題は、年齢とともに活発になり行動範囲が広がっていく子どもたちにとっては避けられないことである。

　だからこそ、こうした点に目を向け、子どもたちとともに考えていくことが必要なのではないだろうか。

　その一案として、授業の中で、地域にどのような問題があるのかを探り、それをどのように解決するのかを検討し、それぞれに案を考えていく。これらの活動を繰り返していく中で、子どもたちは知恵を出し合ったり、それらを生かすための方法を考えたりするだろう。

　自分たちが暮らす地域に対する不安要素を解消（あるいは軽減）するための手だてを自分たちで生みだし、社会に発信する。こうした学習活動を通して、自分たちもまた地域のコミュニティを担う一員であるということを自覚し、日常生活の行動にも変化が生じていく。ひいては、地域に愛着を感じ、ずっと暮らし続けていこうという気持ちを持つことこそが、「より良い生活環境の実現」につながっていくと筆者は考えている。

　本稿では以上の点を踏まえて、中学校社会科地理的分野　内容（2）「日本の様々な地域」エ「身近な地域の調査」に対応した授業を提案する。小学校でも、地域社会での災害や事故を防ぐための工夫を、消防署や警察の仕事や地域の人々の努力を通して学ぶ（小学校社会科3・4年　内容（4））が、小学校での学びを土台に、中学校ではさらに自分たちのこれまでの経験・体験が加味されることで、「安全な生活とは何か」を意識した、活発な学習が展開されることを期待している。

## 2. 授業のねらいと単元構成

本授業は、筆者が以前、小学校3年生社会科で行った実践をもとに、中学生向けに再構成したものである。

授業の大きなねらいは、①自分たちの日々の生活を改めて見直すこと、②自分たちの地域や生活の質をよりよくする方法を考えること、③自分たちの発想や価値観が多面的なものとなり、行動が変化していくことの3点にある。

表面的に現状を調べたものを発表するだけにならないように、問題への意識を明確に持たせて学習に臨ませたい。そのために、身近な具体的事象をテーマとし、着目するポイントを明確にして調査を行う。これによって地域や生活への興味・関心を高め、主体的な態度で学習に取り組めるだろう。また、自分たちが集めたデータをもとに考察し議論を重ねて意見をまとめていくことで、自分たちの暮らす地域に関心を持ち、自分たちが実際に地域づくりに関わっていく楽しさや達成感を味わえるだろうと考える。

さらに授業の中で、意見や考えを分類することや、地図やグラフなど資料の活用、聞き取りや討論といった言語活動も取り入れるなど、社会科(地理)学習を基礎にして、思考、判断、表現それぞれの能力も高めていけるよう心がけた。

小単元は各1時間、計7時間で大単元を構成する。一人ひとりの問題点をまとめていきながら、広い視点で考察できるような流れとした。それぞれのテーマとねらいは表1に記す。

## 3. 授業展開の例

ここでは第1時、第2時、第5時の展開例を示す。内容などの詳細は表2に記す。

第1時では、本授業の導入として、子どもた

**表1 単元の構成（単元のテーマと学習のねらい）**

| 学 習 単 元 | 学 習 の ね ら い |
|---|---|
| (1)「安全」とは？「危険」とは？～日頃の生活を見直してみよう | ・テーマについて関心を持つ。<br>・考えを整理・分類し、問題の所在や調査・考察の方向性を見出す。<br>・「安全」「危険」の定義について確認する。 |
| (2) 危険な場所はどこ？～「怖かった体験」を発表しよう | ・登下校中や日常生活における自分の行動や体験をふりかえる。<br>・地図化する作業を通して、身近な生活圏のどこでどのような危険を感じているかを確認する。 |
| (3) 現地調査～どこが危険か、なぜ危険か | ・実際に現地で調査し、自分たちの体験をもとに、危険発生の原因となるものが何かを探る。 |
| (4) 聞き取り調査～警察署・消防署、地域での聞き取り | ・警察署や消防署、地域での聞き取りを通して、地域における事件・事故、災害の状況や、地域住民の意識を把握する。 |
| (5) 調査結果から見えてくる課題を探ろう | ・現地調査と聞き取り調査の結果を照らし合わせ、地域の特性や安全について理解する。また、そこから考えられる課題を考え、まとめる。<br>・調査結果を発表するための資料を作成する。 |
| (6) 討論会「安全な生活」とは？ | ・自分たちのグループの学習成果を、地図やグラフなどの資料を使って表現したり説明したりする。<br>・それぞれの立場から議論を交わし、様々な意見を聞き合うことで、より良い生活環境を実現するための意識を深める。 |
| (7) 自分たちにできることは何か～地域に提言しよう | ・自分たちができる取り組みや行政への提言など、安全な生活を考える。<br>・自分たちが社会に参画し、より良い生活環境の実現を目指していくことが、持続可能な社会をつくっていくことにつながることを理解する。 |

ちに、問題に対する興味や取り組む意識を持たせる。最初に子どもたちが考える日常生活の「危険」について意見を出し合う（ブレーンストーミングする）。正解を求めるものではないので、できるだけ多く出し合えるとよい。次に、そこから共通する事象をもとにカテゴライズする。自分たちの考えを整理することで、問題の所在やこれからの調査・考察の方向性がみえてくる。意見や考えを共有した後で、「安全」「危険」それぞれの定義づけを行っていく。ここまでの活動は、少人数で話し合った後、学級全体など大きなグループで確認し合うという順序で行うとスムーズだろう。その方が、子どもたちにあまねく発言の機会を設けることができたり、メンバー相互の考えを補いながら視点を整理したりすることができるからである。この活動を通して、「危険」が身のまわりや毎日の生活の様々な場面において存在していることへの気づきを促していきたい。

第2時では、学習のテーマをより焦点化し、今後の学習の方向づけを行っていく。まず、自分たちの危険な思いをした体験（ここでは「怖かった体験」とする）を発表したり聞き合ったりする活動を通して、身近な生活圏内に、具体的にどのような危険が潜んでいるのかを確認する。同時に、友達が、どのようなことが安全を脅かしていると考えているのかを知る場でもある。続いて自分の「怖かった体験」が何に該当するのかを分類する。取り上げる事柄が多岐にわたると焦点がぼやけるため、本授業では、リスク（人為的な危険：予防策を立てることで危険を軽減することができる）としての「交通事故」「事件」と、ハザード（自然現象による危険：危険を軽減することは難しいが被害を軽減することはできる）としての「災害」の3点に絞ることで明確化し、はっきりとした目的を持って学習を進められるようにする。そしてこれらを地図上にプロットし、視覚的に位置を把握できる

**写真1　通学路に潜む危険（校門前）**
・登下校時、駆け出しや飛び出しをしてしまう。
・道幅が狭い上、送迎の車が停車していると、見通しが悪くなる。
・石垣があるために車の往来がみえず、安全確認がしにくい。

ようにしておく。この地図をもとに次時の現地調査を行うことを知らせ、立地条件や人数など、なぜ「怖かった体験」がこの場所であったのか、因果関係の予想を立ててから現地調査に臨ませるようにする。

第5時では、「交通事故」「事件」「災害」の3テーマに分かれて行った現地調査（第3時）や聞き取り調査（第4時）の結果をそれぞれまとめていく。自分たちの「怖かった体験」や日頃感じていたことと、実際の現地の状況とを比較・検討する。現地調査をして気づいたことや、聞き取り調査からわかる自分たち以外の人たちが感じている実態などを総合して、自分たちなりの客観的な根拠をいえるようにする。次時（第6時）の討論会では、他のテーマを調べたグループにも、自分達の調査結果を報告する。そのため、地図や現地を撮影した写真を活用して発表資料を作成する。討論会では、それぞれのグループの立場で、「自分たちで気をつけることができることは何か」「地域や行政に問題提起することは何か」など、他のグループにも意見を求められるように、考えをまとめておく。

表 2　授業展開

| 学 習 単 元 | 学 習 活 動 | 指 導 上 の 留 意 点 |
|---|---|---|
| (1)「安全」とは？「危険」とは？<br>〜日頃の生活を見直してみよう | ・「危険」について、ブレーンストーミングする。 | ・少人数のグループで、日常生活の中での「危険」について思いあたることを話し合わせる。<br>・より多くの意見を出すよう促す。<br>・後で分類できるように、付箋紙やメモ用紙などに書き出させておく。 |
| | ・「危険」を仲間分けする。<br>・全体で意見交換する。 | ・ブレーンストーミングで出た意見の中から共通する事象はないかをみつけ、分類させる。<br>・どのような視点で分類したのかを明らかにさせておく。「事故グループ」「自分に降りかかった危険グループ」など、自分たちなりの分類名を付けさせてもよい。<br>・少人数のグループで話し合った意見を、黒板に掲示するなどして、全体に共有できるようにする。<br>・「危険」について、様々な見方や考え方があることを発見し合うとともに、次時の分類につなげられるようにする。 |
| | ・「安全」「危険」の定義づけをする。<br>・本時の活動をまとめ、単元を通しての学習課題を確認する。 | ・意見交換したことをもとに、この学習での「安全」「危険」は何かを考え、定義づけを行う。<br>・「危険」が日常生活において普遍的に起こりうるものであることに気づかせる。 |
| (2) 危険な場所はどこ？<br>〜「怖かった体験」を発表しよう | ・普段の生活（登下校、通塾、遊びに行く時など）の中で、自分が怖い思いをした体験（「怖かった体験」）を発表しあう。 | ・自分の体験を、5W1H（いつ・どこで・どのような体験をしたのか、など）にまとめ、発表させる。<br>・デリケートな問題なので、発表を生徒に強制しないよう留意する（話したくないことを話させない）。 |
| | ・「怖かった体験」の内容を、「事故」（交通事故）、「事件」（不審者、恐喝など）、「災害」の大きく3つに分類し、グループ分けする。 | ・前時での分類が多岐にわたった場合は、教師が分類の手引きを示し、グループ分けを明確にする。<br>・自分の体験がどのカテゴリーに分類されるのかを考えさせ、適切なグループに加わるよう支援する。 |

表2 授業展開（つづき）

|  |  | ・「怖かった体験」をした場所＝危険な場所を地図上に記していく。 | ・シールなどを使って、該当する箇所を示すよう指示する。位置関係だけでなく、どれだけの人が同じ箇所で危険を感じたのかがわかるようにする。 |
|---|---|---|---|
|  |  | ・なぜそこが危険な場所になっているのか、原因を予想する。<br>＊交通事故<br>＊事件<br>＊災害 | ・立地条件や時間帯などとの因果関係について考察させ、地図化することの意義を認識させる。 |
|  |  | ・現地調査の計画を立てる。 | ・本時で予想したことを検証したり、これまで気づかなかった問題点を発見したりするための現地調査であることを意識させる。 |
|  | (5) 調査結果から見えてくる課題を探ろう | ・「事故」、「事件」、「災害」それぞれのグループに分かれ、現地調査の結果をまとめる。 | ・調査からわかったこと（結果…客観）と思ったこと（考察…主観）とを分けてまとめるようにさせる。 |
|  |  | ・現地調査の結果から考えられる地域の実態を考え、課題を探る。 | ・自分達が立てた予想と比較させ、共通点や相違点を確認させる。<br>・調査をもとに、客観的に根拠を言えるように助言する。 |
|  |  | ・討論会のための発表資料を作る。 | ・地図やグラフ、写真などを使い、口頭で発表するための補助となるような資料を作成させる。 |
|  |  | ・自分たちのグループの意見をまとめる。 | ・討論会では、現地調査の発表だけではなく、そこから考えられる課題を他のグループに投げかけられるように準備させる。<br>・安心して生活することができる地域（持続的な地域社会）づくりに必要なことは何かを考えさせる。 |

## 4. 授業実践から望まれる子どもたちの反応

子どもたちは、日常生活を送っている地域について、その現状を当たり前のものだと考えていれば、それ以上より深く観察することはしないだろう。またそうした機会を持つこともないだろう。その当たり前の生活を、ある一つのテーマに基づいた視点を設けることで、関心を持って、注意深く観察するようになることを期待している。

見方や考え方が変われば、当たり前だと思っていたことにもきっと新たな発見があるだろうし、時には何とかしなければならないという問題意識も生まれてくる。そうして、自分たちが自らの足で調査したことをもとに、自らの頭で根拠のある意見をまとめることで、それらを発表し、意見を述べることができるのだという自信を持ってもらいたい。そして何よりも、地域の次代を担う世代の子どもたちが、自分たちの地域を深く知り、愛着とともに地域や生活をより良くしていこうとする気持ちを持つことこそが、地域を持続し活性化させていく上で大切になってくるのではないかと考える。

## 5. 読者へのメッセージ ―まとめにかえて―

筆者がこうしたテーマに関心を持った理由は3点ある。

第一に、現在の子どもたちを取り巻く環境から「危険」というものが拭い去れなかったことである。前任校では、かつて交通事故で児童が死亡していることや、学区が広い上に学区内に幹線道路が縦断していること、内陸工業団地が立地しているために大型車の往来が激しいことなど、交通安全により強く関心を持つ環境にあった。また、各種報道によって不審者情報や子どもを狙った犯罪を耳にするという現状では、子どもたち自身が自らの身の安全について考える機会が必要だと感じたのである。子どもたちが日常的に防犯ブザーやGPS機能付きの携帯電話を持ち歩く昨今である。

第二に、天災・人災の別にかかわらず、大災害はいつまた再び起こるとも限らないということを常に意識しなければならないからである。先の大震災の犠牲者の中には、数多くの子どもたちも含まれている。教え子と同年代の子どもたちの生命がこのような形で失われたということは、決して看過できることではない。

第三に、子どもたちが自分の暮らす地域に関心を持つことで、ひいては身近な社会の仕組みや課題を考えるきっかけの場を作りたかったからである。子どもの頃にそうした経験をして、充実感や達成感を得られれば、大人になったときに当事者意識を持って地域づくり・社会づくりに参画できる人材となるだろう。

## 6. 本単元で扱う地図について

本授業では学区域の地図を使用することになるが、図1に示すような大縮尺（2500分の1程度）の地図を活用するのが望ましい。地形図や道路地図とは異なり、記されている建物の形状や交差点の様子などが詳細でわかりやすく、読図が苦手な子どもにも場のイメージがしやすいからである。市役所や町村役場の都市計画課などで購入できる白地図だと、住宅地図のように個人情報が掲載されていないため、教材作成に適している。

具体的な情報を得ることができる資料として、自治体や消防、警察など関係機関が発行している主題図（ハザードマップや交通事故多発地帯をまとめた地図など）がある。教師が地域の実態を把握するための手がかりとして、また、子どもたちの現地調査を補完するものとして、子どもたちの実態に応じて、現地調査の前後にそれらを活用するのも有効であろう。

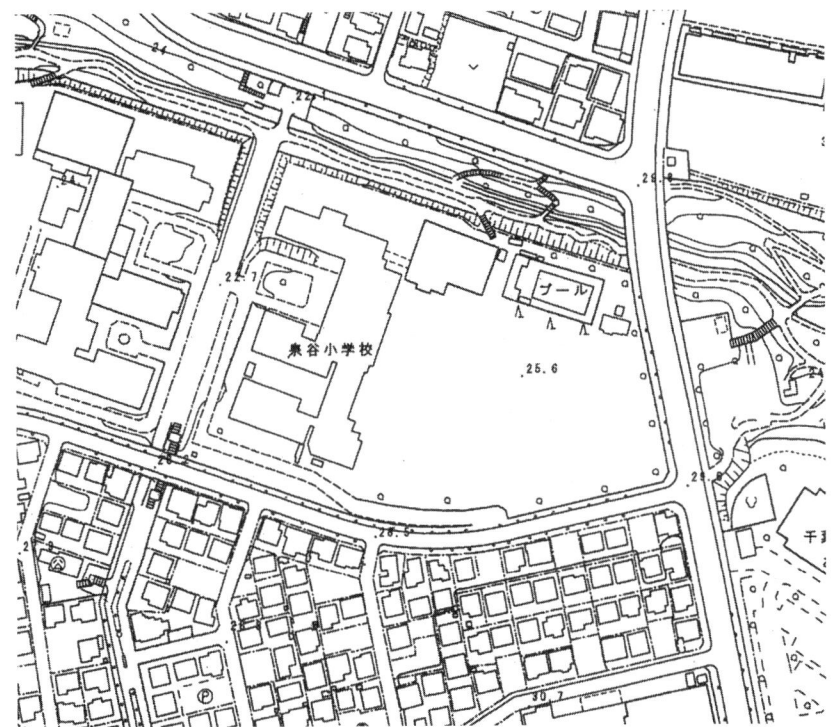

**図1　学区域の学習活動に適した地図（2500分の1程度の大縮尺図）**
建物や道路、階段などが実際に近い形状で記されているので、位置関係が直感的にわかりやすい。地図の名称は市町村区によって異なるが（「都市計画図」「基本図」「白図」など）、役所には必ずあるので、教材用に入手しておくとよい（上の図は「千葉市都市図」として市役所で販売されていた）。ゼンリンの「住宅地図」も似たような地図であるが、学校で使用する際には個人情報を修正液などで消さねばならず、おすすめできない。

## 7. 教材開発に際して参考となる文献

坂本敬幸（2001）:『中学生のための「総合」アイデアbook5　地域の人とふれあおう　地域活動』ポプラ社

戸田孝雄監修（2004）:『ぼくたちの危険攻略ファイル1　学校・家のまわりの危険』教育画劇

戸田孝雄監修（2004）:『ぼくたちの危険攻略ファイル2　まちの中での危険』教育画劇

小宮信夫編（2007）:『安全はこうして守る　現場で本当に役立つ防犯の話』ぎょうせい

中村攻・近江屋一朗（2008）:『千葉学ブックレット　都市と自然環境2　千葉っ子を犯罪から守る』千葉日報社

国崎信江監修（2009）:『安全な毎日を送る方法④　身のまわりの事故から身を守る』学習研究社

国崎信江監修（2009）:『安全な毎日を送る方法⑥　地震、台風などの災害から身を守る』学習研究社

竹内裕一・加賀美雅弘編（2009）:『東京学芸大学地理学会シリーズ1　身近な地域を調べる　増補版』古今書院

実践編 I　身近な地域

# 1.3　みどりは町の財産！
## ― Google 画像で緑被率をしらべよう―

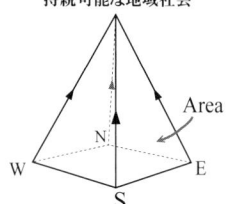

※ キーワード ※
国連ミレニアムエコシステム評価、生態系サービス、
社会基盤、衛星画像、緑被率

梅村　松秀

## 1. 地球規模で劣化が進む生態系サービス

　近年、大雨時における中小河川の氾濫や決壊が、都市部のみならず農村部においても大きな被害をもたらしている。その要因の一つに、都市部では住宅などの人工物と舗装道路による被覆面の拡大が、雨水の浸透化を妨げ、低地部の河川へ集中的に流れ込むこと、農村部では、小河川の河道の三面張りが進行し、流れ込んだ流水の鉄砲水化による破壊と溢流(いつりゅう)をあげることができる。

　中小河川の氾濫において人工物の損害など金銭的な被害額を算出できても、本来の集水域が備えている保水機能、浄化機能、多様な生物の生息環境、景観あるいは審美的価値、場所の感覚といった側面については、これまで評価されることはなかった。だが、1990年代以降、こうした地域の環境がもっている自己維持的、自己向上的側面を、生態系サービスという概念でとらえられるようになり、国連は2001年から2005年にかけて世界の生態系評価を実施した。

　その報告によれば、「すべての生態系サービスの人間による利用は、急速に増加している。今回（2005年）のミレニアム生態系評価では淡水、漁獲、大気・水の浄化、地域と地方の気候調節、自然災害や病虫害の制御など、調査された生態系サービスのうち、約60％は悪化しているか、または持続不可能な状態で利用されている。」と、地球規模で生態系サービスの劣化が進んでいることが報告されている。

## 2. 生態系サービスは地球規模のインフラストラクチュア

　生態系とは「非生物的な環境と、植物、動物、微生物の群集とが機能的な単位として相互作用している動的な複合体」（ミレニアムエコシステム評価）とされるが、生態系から私たちが受け取っている恵みを生態系サービスという。

　生態系サービスが人間の福利にどのようにかかわっているか、図1はミレニアムエコシステム評価に提示されたものである。生態系サービスは、食糧・水・木材・繊維のような供給サービス、冒頭に例示した洪水調節のほか、気候調節・疾病・廃棄物・水質に影響する調整サービス、レクリエーションなど審美的・教育的な恩恵としての文化的サービスの三つの側面として、人間の生存に影響を及ぼす。なお、これら三つのサービスは基本的に、生物が生存できる条件としての土壌形成、光合成、エネルギー、栄養塩類の同化や蓄積をしめす一次生産、チッソやリンを含む生命にとって必須の栄養塩類の生態系内における循環をしめす栄養塩循環、水循環など基盤サービスとされるものに依存している。

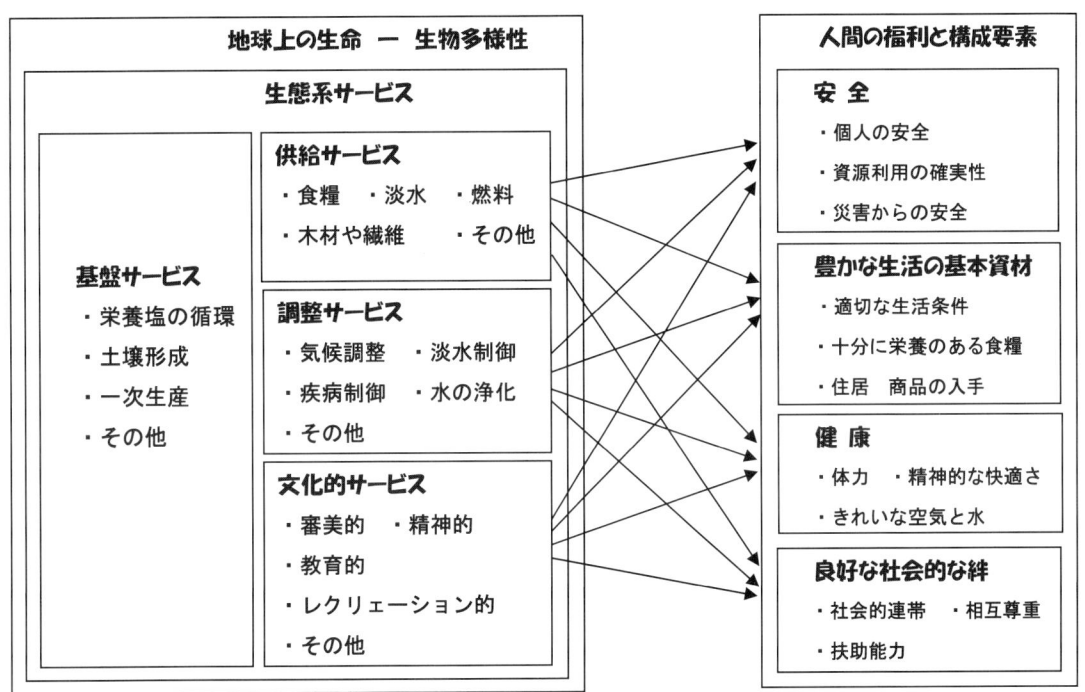

図1　生態系サービスと人間の福利の関係
出典：『国連ミレニアムシステム評価〜生態系サービスと人類の将来』添付図を簡略化。

　ある集水域がもっている生態系サービスとは、基本的に当該地域の生態系に基づく基盤サービスの上に、食糧生産や淡水の提供など供給サービス、保水や浄化など調整サービス、地域の景観など文化的サービスが、流域に生活する人々の安全、食糧、健康、社会的な絆を生み出していることを示す。

　ところで、私たちの日常生活は、ガスや水道、電気、輸送・交通手段など公共サービスといわれるものをなくして成り立たない。それら公共サービスのいくつかは、社会基盤とか社会資本（インフラストラクチュア）という概念で、社会の共有財産とみなされてきた。たとえでいえば、生態系サービス、なかでも基盤サービスは、地球規模のインフラストラクチュアであり、地球の共有財産とみなせることがこの図から理解できる。

## 3.「身近な地域」の学習活動への ESDの視点

　中学校社会科、新学習指導要領の解説「改訂のポイント」によれば、社会科改訂の三本柱として①基礎的・基本的知識、概念、技能の習得、②言語活動の充実、そして③社会参画、伝統や文化、宗教に関する学習の充実が示される。地理的分野の改訂ポイントとして示される6項目の5番目、「地理的技能の育成」では、「地図の読み取りや作図は、地理的事象の理解のためだけでなく、地理的な見方や考え方をはぐくむうえで必要不可欠な能力であり、言語活動の充実に資するものである」と、読図や作図活動の教科目全体を貫く言語活動との関わりへの留意が示される。また、改訂3本柱の③については、6番目の「社会参画の視点を取り入れた身近な地域の調査」として展開されることが期待される。

一方、ESDの視点から、持続的な未来の実現は、地域の持続性の実現にあるという認識が示される。これらのことから、「社会参画の視点を取り入れた身近な地域」学習とは、地域のより良い未来の実現に向けての価値志向的な学習内容として構成されることが示唆されているものと考えられる。

本書、理論編において泉は、「地理教育は、『より良い地域を創造するための市民性を育むための教科』と定義でき、その最終目標は、『問題解決・政策提言の過程を重視し、地域において世界とのつながりを視野に入れながら積極的に行動する市民の育成』にある」と記すが、「身近な地域」学習は、より良い地域づくりにむけて、学習者が地域との関わりを主体的に意識化するとともに、社会への参画を通して地域住民としての気づきを深める機会なのである。

## 4.「より良い地域」の、より良いとは？

前項に記したように、改訂中学校学習指導要領の「身近な地域の調査」学習は、あらたに言語表現、社会参画の視点が盛り込まれること、そしてESDとの関わりという観点から、泉の「より良い地域づくりへ」が留意されるべきことなどが明らかになったが、「より良い」の意味するところとして、例えば、安全なまちづくりに向けての防災や防犯、あるいは歴史的景観への気づきなどがテーマとしてあげられている。

一方で、2011年の東日本大震災は、交通・通信をはじめとする社会資本の損傷・破壊によって、公共的な財への再認識の機会となった。より良い地域の条件としての社会資本・社会基盤の重要性を示唆するものである。加えて住宅地や農耕地など長い時間の流れの中で人間の居住空間として形成されてきた田園風景、きれいな水の供給や浄水機能を果たしてきた森林あるいは集水域、それら一体をなしての景観が果たしてきた意義について多くの人々が気づかされた。

これら国民勘定に計算できない多くのことが一挙に失われたことで、その価値に気づかされることになった。それらの多くは国連ミレニアムエコシステム評価が提起している項目に含まれることに留意したい。

以下に提示する学習活動は、地域への参画を主題とした米国地域学習プログラム『Places We Live』に基づき、「コミュニティを創るのは私たち」として、小学6年生の総合的な学習の時間で実践したプログラムから、地域の土地利用に占める緑地の割合を調べ、みどりを地域の社会資本としてとらえなおすという主題で展開したものを基本としている。今回、中学校社会科地理的分野の「身近な地域の調査」学習への適用を考えるにあたって、みどりを社会資本としてのみならず、身近な地域の生態系サービスとして意識化することをねらいとして作成してみた。

## 5. 授業実践の実際

この活動は、学習指導要領に示される大縮尺の読図活動のプロセスに、衛星画像の読み取りを位置づけることで、読図技能の進展に効果的である。読図作業は地図記号の理解なくして難しいが、衛星画像の読み取りは、家屋や道路など建造物、森林や池沼など、言語表現が容易であり、画像と地図記号との対応がきわめて容易になる。

あわせて衛星画像を活用しての「身近な地域」学習は、事物の空間的な位置関係の把握が容易である。生まれ育った地域に対して、誰もが「場所の感覚」（a sense of places）をもっていることがいわれるが、衛星画像の活用は、学習者のイメージを喚起しやすい。

以下、「地域の暮らしを支える社会資本・生態系サービス」、「みどりは町の財産」の二つの学習活動プランを表1〜表2に、作業に用いた衛星画像や資料を図2に提示する。

## 6. 授業のふりかえり

　本教材は、小学6年生の総合的な学習の時間にむけて実践した「コミュニティを創るのは私たち」の学習プランの一部「みどりの空間」をベースとし、中学校段階「身近な地域」学習活動における「より良い地域づくり」学習計画の作成において、地域の生態系サービス、あるいは地域の社会資本の意義や役割について認識を深めることをねらいとして作成した単独の学習活動案、いわゆるモジュール教材である。このようなモジュール教材は、生態系や社会資本の理解をはかる手がかりとして、テーマに応じた展開の仕方が可能であり、米国の環境教育教材に広くみることができる。

　当初、衛星画像の読み取りは、小学生に難しいのではと危惧したものの、学区域を対象としての画像ということもあってか、ほとんど抵抗なく判読作業を進めることができ、あわせて提示した大縮尺の地形図との対応がごく自然にできたことから、読図作業の進展に効果的であることの認識を深めている。

## 7. 読者へのメッセージ

　地理学において、自然は人間にとって利用されるものとして存在するという観点がある。本稿でとりあげた生態系サービスの概念は、人間も自然の生態系、生命システムを構成する要素であるという認識が根底にあるという意味で、先のような地理学観と大きく異なる。

　「国連ミレニアムエコシステム評価」は、生態系サービスの変化が私たちに意識されない大きな理由は、そのほとんどが公共財としての特徴にあるという。こうした現実への挑戦を記すのが、グレッチェン・ディリー、キャサリン・エリソンによる『生態系サービスの挑戦―市場を使って自然を守る―』、ジェフリー・ヒールによる『はじめての環境経済学』などである。

　100ドットシートについて、ある研修会で100個の方眼の方が作成しやすいという意見が出された。これはサンプル調査に際して、サンプルをどういう基準でとるかという調査方法に関する問題で、一般にランダムな抽出方法でなされることに倣ったものである。

　国土情報ウェブマッピングシステムでは、当該地域の異なる時期の画像を利用することができる。異なる時期の画像（同一縮尺にすること）について作業をすることで、土地利用の変化をテーマとすることができる。

## 8. 教材開発のための文献リスト

ジェフリー・ヒール著、細田衛士・大沼あゆみ・赤尾健一訳（2005）:『はじめての環境経済学』東洋経済新報社

ミレニアム・エコシステム・アセスメント編、横浜国立大学21世紀COE翻訳委員会訳（2007）:『国連ミレニアムエコシステム評価―生態系サービスと人類の将来―』オーム社

ERIC国際理解教育センター編訳（2009）:『PLT Places We Live―私たちの住む場所―』ERIC国際理解教育センター

グレッチェン・ディリー／キャサリン・エリソン著、藤岡伸子・谷口義則・宗宮弘明訳（2010）:『生態系サービスという挑戦―市場を使って自然を守る―』名古屋大学出版会

表1　学習活動計画とながれ

| 学習項目 | 活動内容 | 指導上の留意点 |
|---|---|---|
| 1．地域の暮らしを支える社会資本、生態系サービスをとらえる | 1．「私のお気に入りの場所」または「気になっている場所」→場所の感覚（a sense of places）に対する意識化<br><br>・該当地域の大縮尺図または学区域図などに地点とキーワードを書き込み一覧図から読み取れること<br>→地域の持っている多様な側面について共有する（地域の独自性）<br><br>2．地域の暮らしを支える共有財を考える<br>・「お気に入りの場所」を成り立たせている条件・背景を考える→自然環境、社会基盤への気づきとそれらの黒板への書き出し<br><br>・書き出された結果をもとに<br>→なかまわけ（すべての人が必要とするもの、なくても暮らせるが、あった方がいいもの、維持管理はだれがする、コストの負担、有料か無料か、次代に残したいもの…）<br>→地域社会で共通に必要とするものやサービス…社会資本<br>→自然界が提供してくれるもの、こと（森の中のさわやかさ、海岸の風景、小川のせせらぎ）…生態系サービス<br><br>3．生態系サービス<br>・海岸、河川や河川敷、池沼、里山、公園、農地などの役割に注目する<br><br>・公園など緑地の持っている機能をできるだけたくさんあげることで、生態系サービスの働きを認識することができる。 | ・生まれ育った地域、だれもが、なんらかの思い出や場所のイメージをもっている。カードへの書き出しまたは、ブレーンストームでできるだけたくさん出し合う。<br>・ブレーンストームの原則〜誰もの発言が否定されないことがルール。（言語活動の充実）<br>・限られた範囲でも、その中の多様性、独自性の存在への気づきをうながす<br><br>・様々な場所の存在を可能としている条件・背景への気づき<br><br>・なくても暮らせるが、あった方がいいものに該当するものに注目させる<br>　　　　　→生態系サービス<br><br>・生態系サービスとされるもののほとんどは、公共財として誰もが自由に利用できるものとして、国民勘定に算入されないがため、その恩恵を意識することがない。<br>・いわゆる社会資本と共通すること、違うことへの気づきを促すこと |

(表1 つづき)

| | | |
|---|---|---|
| 2. みどりは町の財産〜Google 画像で緑被率を調べる | 1. 衛星画像で地域の土地利用割合を調べる<br>（3〜4人のグループに対象地域の衛星画像、100ドットシート、集計用紙、衛星画像は学校を中心に東側、南側、西側、北側などグループ数によって対象地域を別とすることでより広範囲を扱うことができる） | ・グループ内での役割分担（画像の読み取り、集計用紙への記入、活動を確認する係りなど） |
| | 2. 衛星画像の概観をグループごとに確認する。 | ・学校、主要道路、鉄道、公園、農地、河川など、だれもが判別できることをグループ内で確かめあうこと。 |
| | 3. 当該地域の衛星画像（A4）に 100 ドットシートを重ね、ドット部分の土地利用を判読し、集計用紙の分類にしたがって、分類項目ごとの個数を明らかにする<br>（分類項目の個数の合計は 100 であるから、分類項目に示された個数は、該当地域の土地利用区分に対応した割合を示すものとみなすことができる）ことを伝える。 | ・画像の読み取りと集計用紙への記入は、二人以上で確認し合いながら進める<br>・画像とシートの重ねかたで多少の違いが生ずることから、細かい判断にこだわらないよう伝える。<br>・集計用紙への記入は、正の字やレ点などで<br>・グループごとの集計結果を、黒板などに記入できるようにしておく |
| | 4. 読み取り作業結果の集計一覧をクラス全体で確認する<br>→身近な地域における土地利用割合からわかることをまとめる | ・限られた地域内でも、土地利用割合の違いのあることへの気づきなど |
| | 5. 大縮尺の行政地図や地形図との対応 | |

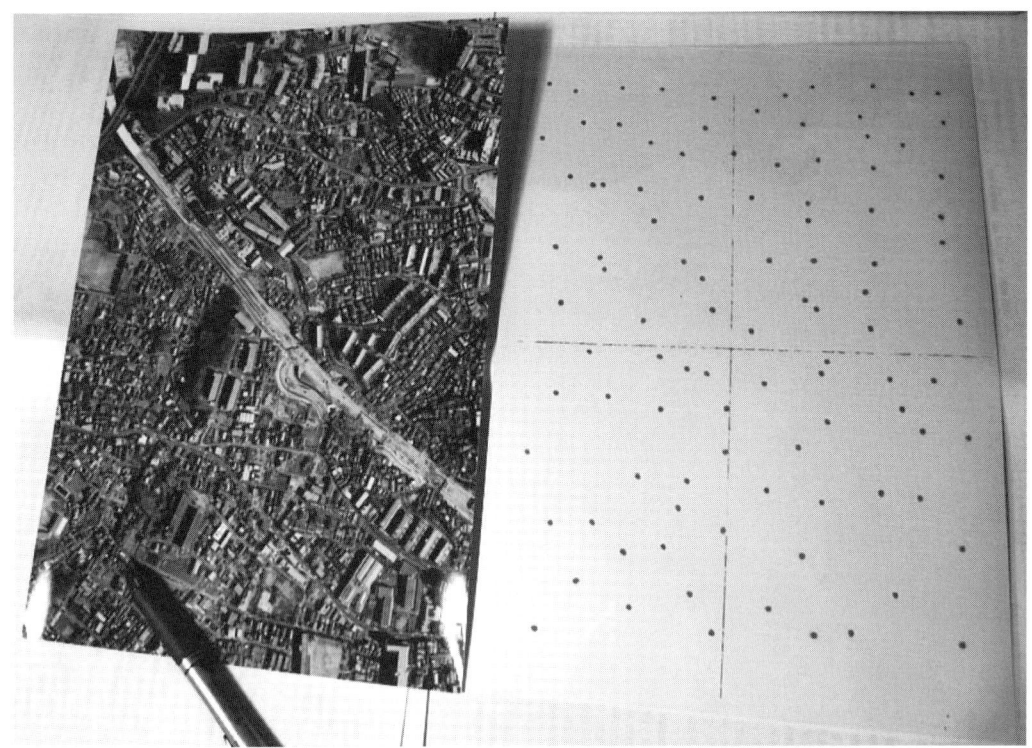

図2　使用するGoogle画像（左）と100ドットシート（右）
100ドットシートは、透明なシートにランダムにドットをマーカーで記入したもので、簡単に作成できる。ドットの位置はさほど気にせず、4分割のエリアに25ずつ合計100であればよい。

| 集 計 用 紙 ||||||||
|---|---|---|---|---|---|---|---|
|  | 道路・鉄道 | 建造物 | 田畑・空地 | 樹林地 | 河川・湖沼 | 全 体 |
| 点の数 |  |  |  |  |  | 100 |

## 表2　学習にあたって準備するもの

1. 地域の大縮尺図（地域で作成した行政図など）。
2. 地域の土地利用、緑被率などに関する統計資料。学区域、該当地域を中心とした衛星画像（A4大）、グループの数だけ。
3. 100ドットシート（A4大のOHPシートにランダムに100の点をマーカーなどで記入したものグループの数に応じて）
4. グループごとに集計用紙（左参照）
5. 他に、対象地域の緑被率データなど、環境省自然保護局による「日本の植生　第4回自然環境保全基礎調査　植生報告書(全国版)」。市町村段階においては各自治体の統計資料ページを参照のこと。なお、緑被率とは、緑被率とは樹木や草で覆われた土地のことをさし、次の計算式で求められたもの。

    緑被率=(樹木地+草地+屋上緑化)÷行政面積

    とされるが、東京都のように「みどり率」という算定方式があり、これは荒川や隅田川の水部を含む値である。

    みどり率=(樹木地+草地+農地+屋上緑化+公園全域+街路樹
    　　　　+河川湖沼水路)÷行政面積

6. 衛星画像データは、地図検索の一つ、Google Earthなど。同一地点の時系列変化を扱う場合は国土変遷アーカイブ空中写真閲覧システムなどが利用できる。

| 集計用紙の記入例 ||||||
| --- | --- | --- | --- | --- | --- | --- |
|  | 道路・鉄道 | 建造物 | 田畑・空地 | 樹林地 | 河川・湖沼 | 全体 |
| 点の数 | 15 | 35 | 20 | 20 | 10 | 100% |

100ドットなので、数えた点の数が、そのまま％の値になる。

**コラム**

# 国連ミレニアムエコシステム評価

　2000年9月、150以上の元首・首脳の参加による史上最大の国連ミレニアムサミットが開催された。この時のコフィ・アナン事務総長の演説「私たち人類：21世紀における国連の役割」に応える形で2001~05年にかけて実施されたのが、地球規模の生態系に関連しての環境評価で、世界95カ国（日本からは国立環境研究所）の参加を得て行われた。調査の前提にあるのは、人間は地球上の生態系とその恵みとしての生態系サービスに完全に依存していることについての認識である。自然は人間に利用される対象であるというような、かつての一時期に支配的であった地理学観と大きく異なることに留意しなければならない。

　調査の目的は、生態系の変化が人間生活に与える影響を評価することであり、また、生態系の保全と持続的利用を進め、人間生活の向上に生態系の貢献を高めるために、われわれがとるべき行動の選択肢を提示することにある。調査の結果は以下の4つの結論として示された。

① 過去50年間、食料、水、木材、繊維や燃料の需要増大に対応するため、人類は歴史上かつてない速さで生態系を改変してきた。この改変は生命の多様性に、莫大かつ不可逆的な喪失をもたらした。
② 生態系の改変は、福利と経済発展に利益をもたらしたが、生態系サービスの劣化、非線形的な変化（＝加速度的な変化、突発的な変化、不可逆的な変化）を生じるリスク増加、貧困の悪化などの形での代償を伴い達成された。これら問題解決への努力なしに将来世代が得られる利益は減少する。
③ 生態系サービスの劣化は、今世紀前半、顕著に増大し、平和と安全、開発と貧困などを取り組むべき課題として定めたミレニアム開発目標達成の一つ「環境の持続可能性確保」の実現に大きな障害となるだろう。
④ 生態系サービスへの需要の増大に対応しながら、生態系の劣化を回復させるという挑戦は、ミレニアム生態系評価でのいくつかのシナリオのもとで、ある程度達成できる。ただし、この達成には政策・制度・実践における大幅な変革が必要だが、まだ実行されていない。

（梅村松秀）

**参考文献**
Millennium Ecosystem Assessment 編、横浜国立大学21世紀COE翻訳委員会訳（2007）：『国連ミレニアムエコシステム評価〜生態系サービスと人類の将来』オーム社

実践編

# II 社会参画

概念 （vページのマトリクス参照）　　　　　　　　IIの授業実践例

- 場所
- スケール
- 自然と人間活動
- 環境的相互作用と持続的開発
- 市民としての権利と責務

2.1 輪中地域における持続可能な土地利用の開発

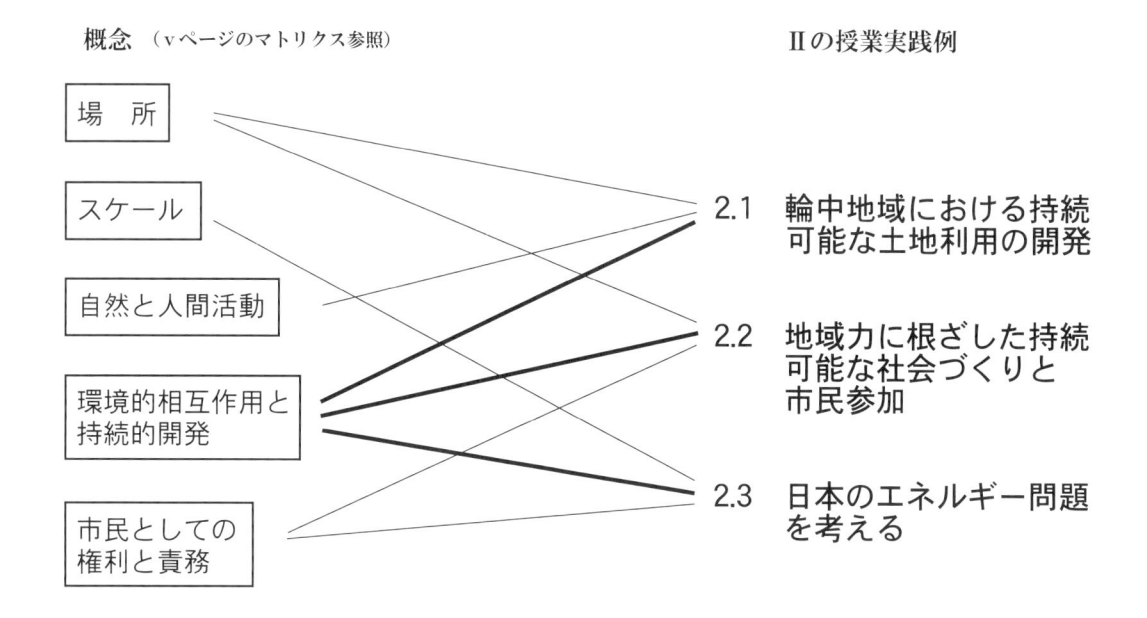

2.2 地域力に根ざした持続可能な社会づくりと市民参加

2.3 日本のエネルギー問題を考える

## ■学習指導要領との対応 （viページのマトリクス参照）

| | | |
|---|---|---|
| 中学校 | 地理的分野 | (2) 日本の様々な地域 |
| 高等学校 | 地理A | (1) 現代世界の特色と諸課題の地理的考察 |
| | | (2) 生活圏の諸課題の地理的考察 |
| | 地理B | (1) 様々な地図と地理的技能 |
| | | (2) 現代世界の系統地理的考察 |
| | | (3) 現代世界の地誌的考察 |

実践編 Ⅱ　社会参画

# 2.1　輪中地域における持続可能な土地利用の開発

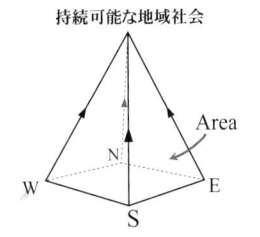

髙田　準一郎

❈ キーワード ❈
輪中地域、輪中堤、自然堤防、自然災害、地形図

## 1.「輪中地域」を授業で取り上げることの意義

　輪中地域は、木曽三川が合流していた濃尾平野西南部にあたり、洪水の常襲地帯であった。豊かな水に恵まれる一方、洪水の脅威と対峙して生きてきた地域である。この地域では、洪水から集落や耕地を守るため、その周囲に堤防を築き、水防共同体（水防団）をつくってきた。輪中集落の分布地域は、岐阜県南部を中心に、三重県や愛知県の隣接部にまで及んでいる。江戸時代には、幕府もこの地域の治水には力を入れ、薩摩藩の宝暦治水に代表される御手伝普請などを施行した。明治時代に入り、オランダ技師のヨハネス・デレーケなどが立案した近代的工法による河川改修で、「三川分流」の実現をみている。

　このように、輪中地域に住む人々は、洪水と激しく闘いながらも、豊かな水を巧みに利用して低地を切り拓いてきた。輪中内に残存する輪中堤、あるいは水屋や助命壇などは、かつての水害の歴史を物語る記憶の場所になっている。輪中地域の学習は、低地における人々の暮らしの理解にとどまらず、持続可能な開発における観点から理解を深める意義を持つ。この輪中地域の学習は、ユネスコ国際実施計画案（2004）によるESDの三領域15重点分野では、「（2）環境領域」における「⑪持続可能な都市化」「⑫災害防止と被害軽減」の重点分野に関わるものである。

　また、新高等学校学習指導要領の地理Aでは、「2 内容（2）生活圏の諸課題の地理的考察 イ 自然環境と防災」において、「我が国の自然環境の特色と自然災害との関わりについて理解させるとともに、国内にみられる自然災害の事例を取り上げ、地域性を踏まえた対応が大切であることなどについて考察させる（p.43）」とある。輪中地域の学習は、かつての洪水常襲地帯を事例とした地理Aにおける「自然環境と防災」の学習内容に関わるものである。近年では、昭和51（1976）年に長良川破堤による「9・12輪中災害」、いわゆる「安八洪水」が起こり、かつての輪中堤や水屋などの重要性が再認識された経緯もある。

## 2. 授業のねらいと単元構成

　授業のテーマは、「輪中地域における持続可能な土地利用の開発」である。授業のねらいと単元構成などは、表1に示した。地理教育との関係でいえば、輪中地域の学習は、地形図を教材とした学習展開で、地形図の読解から地域を理解するものになっている。事例地域は、筆者が勤務している大学の「身近な地域」とした。この事例地域は、長良川流域の沖積平野（氾濫原）で、輪中地域（輪中地帯）として扱われる。地形図の読解では、沖積平野を構成する自然堤防や後背湿地（後

表1 授業のねらいと単元構成

1. 授業テーマ
   輪中地域における持続可能な土地利用の開発（全3時間）
2. 新学習指導要領との関係
   高等学校地理A内容（2）「生活圏の諸課題の地理的考察」イ「自然環境と防災」に対応。
3. 授業のねらい
   （1）沖積平野にみられる自然堤防など、微地形の分布やその要因などについて考察する。
   （2）歴史的な観点から、輪中地域における持続的な土地利用の営みについて理解する。
   （3）防災的な観点から、これからの輪中地域における持続的な開発のあり方を再考する。
4. 単元構成
   （1）自然環境としての沖積平野における微地形（1時間）
   （2）輪中地域における持続的な土地利用の営み（1時間）……本時案
   （3）これからの輪中地域における開発のあり方（1時間）

背低地）、旧河道などが基本的な地形となる。

新高等学校学習指導要領の地理Aでは、「内容の取扱い（2）イ」において留意することとして、「（ウ）イについては、日本では様々な自然災害が多発することから、早くから自然災害への対応に努めてきたことなどを具体例を通して扱うこと。その際、地形図やハザードマップなどの主題図の読図など、日常生活と結びついた地理的技能を身につけさせるとともに、防災意識を高めるよう工夫すること（p.44）」とある。この輪中地域の学習は、地形図の読解から地域を理解する学習展開で、防災的な観点から、これからの輪中地域における持続的な開発のあり方を再考するものである。

## 3. 実際の授業実践

表2は、表1で提示した単元構成（2）の具体的な授業展開である。先にみた表1とこの表2は、筆者の勤務校で実施した大学での授業をもとに手を加え、高校での授業案として作成した。

授業の導入では、写真1（ワークシート）を提示する。写真1には、大型ショッピングセンターの駐車場にある案内板が写っている。導入では、この大型ショッピングセンターの駐車場にある案内板（ご注意）に記された「遊水地」の意味を考える。

授業の展開では、導入で提示された、平成21（2009）年発行、地形図：2万5千分の1「岐阜西部」（ワークシートの図1）で、事例地域の読図にはいる。まず、図幅中の人工堤防に着目し、輪中地域のイメージ化を図る。ここでは、人工堤防に着色するなどの読図作業を通して、堤防に囲まれた集落地域を把握する。長良川左岸の堤防の比高は、＋8.4mで、長良大橋のやや北に記載がある。長良川右岸のサイクリングロードの高さは16mで、「一夜城址」のやや北に記載がある。これらの数値から判読すると河床面の高さは、7.6m前後と推定できる。写真2（ワークシート）は、境川沿いの輪中堤である。

次いで、集落分布や畑地、果樹園などに着目しながら自然堤防を判読し、輪中地域のイメージの深化を図る。ここでは、自然堤防に着色するなどの読図作業を通して、旧河道やかつての洪水流路などを推定する。このような学習展開の構成で、歴史的観点からとらえた生産活動の場としての沖積平野の理解を図る。いいかえれば、木曽三川の

表 2　本時のねらいと授業展開

1. 本時のねらい
　歴史的な観点から輪中地域における持続的な土地利用の営みについて理解する。

2. 授業展開

| | 学 習 活 動 | 指 導 上 の 留 意 点 |
|---|---|---|
| 導入 | ・大型ショッピングセンターの駐車場にある案内板（ご注意）に記された「遊水地」の意味を考える。<br>・地形図：2万5千分の一「岐阜西部」で提示された事例地域の概要を読図する。 | ・大型ショッピングセンターの駐車場にある案内板（ご注意「…大雨時には遊水地になります」）の写真を提示する。<br>・地形図：2万5千分の一「岐阜西部」で、高桑の集落の標高点（8m）や境川の流路などを確認させる。 |
| 展開 | ・グループごとに、現行の地形図「岐阜西部」の読図作業を通して、輪中地域の地域性について理解を深める。<br>・(1) 人工堤防に着色し、輪中地域のイメージ化を図る。堤防に囲まれた集落地域を把握する。<br>・(2) 自然堤防に着色し、輪中地域のイメージ化を図る。旧河道やかつての洪水流路を推定する。<br>・これらの読図作業を踏まえて、歴史的観点からとらえた生産活動の場としての輪中地域の営みについて、文章化を図る。<br>・グループごとに文章化した内容を発表し、共有化を図り、理解を深める。 | ・グループごとに、地形図「岐阜西部」の読図作業を通して、気づきなどを出させ、意見交換をさせる。<br>・読図に即した具体的な問題を提示し、予想－検証アプローチで、探究的に輪中地域の理解を深めさせる。<br>・鵜集落の読図では、明治期の地形図：2万分の1「笠松」で、現行地形図と比較させ、自然堤防の理解を深めさせる。<br>・文章化にあたっては、防災的な観点を含めて、自然堤防や後背湿地、旧河道などの微地形に関わる用語を活用させる。<br>・グループごとの発表内容の要点を整理し、共有化が図れるよう工夫する。 |
| 終結・発展 | ・羽島市や海津町などに広がっていた湿田地域（堀田）は、戦後の区画整理事業で乾田化し、生産力が安定した事実をとらえる。<br>・変容過程で、失われた地域の防災意識を、どのように取り戻していくか、を考える。 | ・区画整理事業で、かつての堀田の景観が消滅し、大型機械による近代農業が成立した背景や、近年の郊外型大型店の進出など、地域の変容を押さえる。<br>・失われた地域の防災意識を、防災教育として再構築していく方向性を提示する。 |

3. 評価の観点
　地形図の読図を踏まえて、歴史的な観点から輪中地域における土地利用の営みについて、理解を深めることができたか。

関わる治水や利水の歴史を中間項にした持続可能な土地利用を考えるための学習展開である。

鶉集落の読図では、明治24（1891）年測図、地形図：2万分の一「笠松町」で、現行地形図（ワークシートの図2）と比較させ、自然堤防の理解を深めさせる。自然堤防の高さを判読すると、「佐波村（上佐波）」は9.7 m（水準点）、「柳津村」は10.9 m（水準点）である。「鶉村」の集落南側に広がる水田部分は、7.6 mになっている。この数値が、ほぼ後背湿地の高さと推定できる。

これらの読図作業を踏まえて、歴史的観点からとらえた生産活動の場としての輪中地域の営みについて、文章化を図る。文章化にあたっては、防災的な観点を含めて、自然堤防や後背湿地、旧河道などの微地形に関わる用語を活用させる。グループごとに文章化した内容を発表し、理解を深めていく。ここでは、グループごとの発表内容の要点を整理し、共有化が図れるよう工夫をしていく。

授業の終結・発展では、羽島市や海津町などに広がっていた湿田地域（堀田）は、戦後の区画整理事業で乾田化し、生産力が大きく安定した事実をとらえる。かつて、囲堤による輪中は、生活の単位であった。明治期には、このような輪中は80ほどもあった。しかし、大規模な近代的治水工事や排水機場の設置によって、洪水から集落や耕地を守るための水防共同体の役割も転換期を迎えている。戦後実施された区画整理事業で、かつての堀田の景観は消滅した。大型機械による近代農業が成立した背景や、近年の郊外型大型店の進出など、地域の変容を押さえたい。

なお、海津市歴史民俗資料館には、堀田を再現した野外展示がある。近隣であれば、校外学習などに組み込んで、このような資料館を活用したい。

## 4. 授業実践のふりかえり

授業は、社会科教育に関わる内容の講義で、教育学部生がおもな受講生であった。受講生で高校における地理の履修者は、80人中1割程度で歴史と比較するとかなり少なかった。したがって、受講生の多くは、地形図の読解に関わる技能の習得についていえば、十分とはいえなかった。また、地形図の学習と聞いて、地図記号などの暗記学習を想起する受講生も少なくなかった。どちらかといえば、地形図を教材とした輪中地域の学習は、歓迎されない雰囲気のなかで始まったといってよい。したがって、大学での授業ではあったものの、高校の授業とも共化できる学習展開となっている。アンケートの形で求めた受講生の気づきや感想は、次の通りである。

★一番驚いたのが、鶉集落です。川が上流から運んだ砂などが堆積してできた自然堤防は安全だということでできたのが鶉集落だとわかり、このように地図の場所で関連性、関係性をもっとみると、新たな発見ができるので、おもしろいと感じました。また、単に地図をみるだけでなく、歴史背景や堤防のしくみといった面からも結びつけて見られるのがとてもよく、新たな知識を得ることができました。

☆地図、地名から古代、中世、近世などの集落を予想できるとは思いもしませんでした。また、地図上の集落のかたまりから川の流れを予想したりと、一枚の地形図からさまざまなことを考察できるんだと驚きだった。こういう考察のしかたを授業に生かせたらと思います。

★前回と今回の授業を通して、地図はただ見て場所がわかるというだけではなく、昔の出来事やその町の特徴をとらえることができるんだと思いました。標高点を調べることで、洪水につかったことがあるとわかったし、岐阜はこんなにも堤防で囲まれているんだと理解できました。また、色をつけることで、川がつくった堤防を目で見て理解することができて、楽しかったです。

（34ページにつづく）

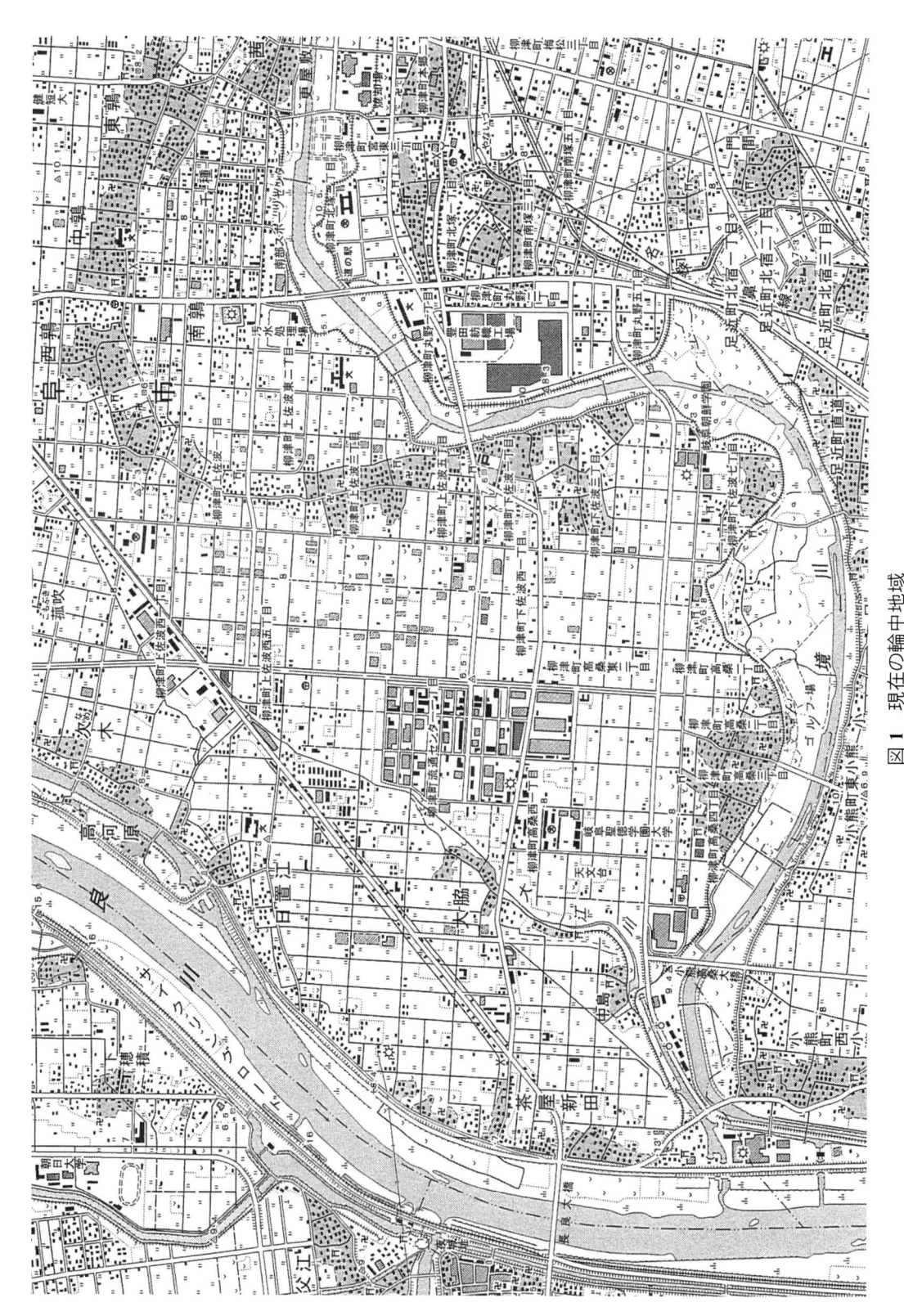

図 1 現在の輪中地域
1:25,000 地形図「岐阜西部」平成 21 年発行の一部。国土地理院 (2009) による。

写真1　駐車場にある案内板　　　　　　写真2　境川沿いの輪中堤

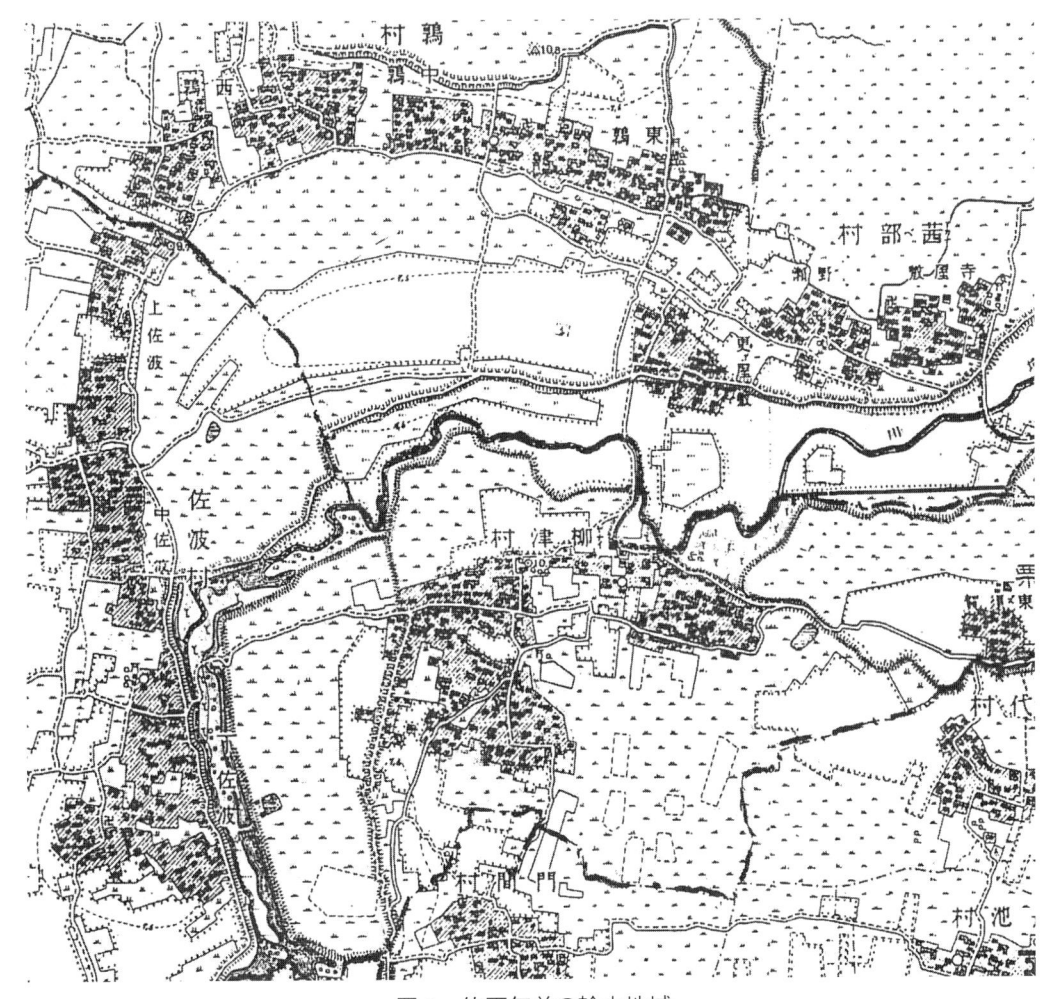

図2　約百年前の輪中地域
1:20,000 地形図「笠松町」明治24年測図、明治27年発行の一部。大日本帝國陸地測量部（1891）による。

（31ページからつづく）

近代的な水害予防の技術的な展開に伴い、輪中地域における洪水の被害は激減した。とくに、戦後の区画整理事業で乾田化を果たした輪中地域は、生産力を大きく安定させた。昭和50年以降は、機械の大型化と集団で稲作をする営農組合もでき、生産力は一段と大きく向上した。トマトやキュウリ、ナス、ピーマンなどのハウス園芸もさかんになった。

しかし一方では、水防共同体の象徴であった水防団の解散が相次いでいる。このような変容過程で、失われていく地域における防災意識の取り戻しが重要な課題となってきた。大学での授業では、十分に言及できなかった防災意識に関わる問題を、表2の授業展開では、授業の終結・発展として、「失われた地域の防災意識を、防災教育として再構築していく方向性を提示する」という内容で組み込んでいる。

## 5. 予想－検証アプローチと単元構成（3）への展開

大学の授業では、〔問題〕と〔作業〕、〔説明〕を一連の学習内容のまとまりとして実施した。〔問題〕は、選択肢のある予想問題とした。まず、この〔問題〕で選択肢を選び、予想を立てる。次いで、〔作業〕の指示などを通して、〔問題〕の予想を検証していく。〔説明〕で〔問題〕や〔作業〕に関わる読図内容の理解を深める。

例えば、〔問題〕として「図1の図幅内における長良川の河岸にある堤防は、連続していると思いますか」と設定する。このように〔問題〕を設定して、河岸にある堤防を着色してみる。長良川沿いの堤防は、連続堤であることが検証できる。かつての輪中堤も、連続堤が一般的である。不連続堤では、武田信玄による釜無川の霞堤や、富士川の雁堤などの築堤が知られている。

このような授業展開が、表2における授業展開の指導上の留意点で記した「読図に即した具体的な問題を提示し、予想－検証アプローチで、探究的に輪中地域の理解を深めさせる」の内容である。表2では、具体的に〔問題〕を内容として提示しなかったが、理解を深めるだけでなく、参加型の授業としての有効なアプローチとなる。選択肢のある予想問題の授業展開に関しては、板倉（1984）を参照されたい。

農業地域としての輪中地域は、長良大橋の架橋や流通センターの立地などに伴い、大きく変容している。単元構成の（3）では、これからの輪中地域における開発のあり方を考える。防災的な観点から、これからの輪中地域における持続的な開発のあり方を再考するには、地域における防災意識の取り戻しが重要な課題となる。これまで輪中が担った役割の多くが、行政組織に移管されつつあるからである。

輪中は、洪水の脅威と対峙して生きるための水防共同体であった。かつての輪中堤や水屋などがもつ防災教育としての価値を論点に、昭和51（1976）年の長良川破堤による「9・12輪中災害」などの考察内容を踏まえて、事例地域の理解を深めていきたい。

## 6. 教材開発のための文献リスト

板倉聖宣（1984）：『仮説実験授業のＡＢＣ 楽しい授業への招待』仮説社

伊藤安男編（1996）：『変容する輪中』古今書院

伊藤安男編（1999）：『地図で読む岐阜―飛山農水の風土―』古今書院

岐阜県博物館編（2001）：『輪中と治水』岐阜県博物館友の会

大西宏治（2007）：岐阜羽島市の地域変容と地域変化―女工の活気と映画館―．阿部和俊編『都市の景観地理 日本編2』古今書院、pp.152-156

髙田準一郎（2008）：輪中地域における地形図読解のための問題設定．エリア山口、37、pp.11-25.

海津市歴史民俗資料館編（2009）：『伸びゆく輪中』海津市教育委員会

文部科学省編（2009）：『高等学校学習指導要領』東山書房

伊藤安男（2010）：『洪水と人間』古今書院

実践編 Ⅱ　社会参画

# 2.2　地域力に根ざした持続可能な社会づくりと市民参加

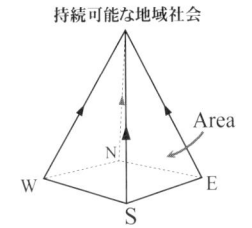

内野　善之

❖ キーワード ❖
地域力、共助、イノベーション、多様な価値観
新価値創造、自己実現

## 1. 社会づくりと市民参加を授業で取り上げることの意義

21世紀の到来とともに世界および日本は大きな構造変化の潮流にのまれ、資本主義経済を基盤とした従来型の右肩あがりの高度経済成長を続けることへの弊害が顕在化してきているといえる。

とりわけ、市場経済型開発による環境問題の地球規模化とそれに伴う地球温暖化の進行、生物多様性の劣化など「持続可能な発展」を脅かす課題の深刻化と日本独自の課題としての人口減少・高齢化の進行による人口年齢構成の大きな変化に起因する地域経済社会の疲弊が顕著にあらわれてきている。

従来、地域社会はお互いに助け合って営まれるものであったはずが、戦後の「大きな政府」の体制の中で住民の公共ニーズを行政が引き受ける図式が定型化したため、住民の納税意識は薄れ、政治に対して無関心な層が増えてしまった。こうした状況があらゆる方面での無駄を生み、地域経営・地域生活の崩壊を生み出すことになった。今後の少子・高齢化や公共施設の老朽化などを踏まえると財政的に地域を維持できないことは明白である。

市民参加型の社会を再構築することは、前述の状況に気づいた人々が立ち上がり、「共助」の精神で地域社会を復活させ、地域経済の安定をもたらすことと同義であると考える。学習者が社会と自分とのつながりや多様な人々と行動するプロセスを通じて市民性を培い、そこから自己の生き方を確立できるような授業実践を設定することの意義は大きい。

## 2. 授業のねらいと概要
### (1) 授業のねらい

本授業のねらいと単元構成は表1に示すとおりである。ここでは学習者が地域活性化への取組みについて考えることを通じて市民として主体的な市民参加能力を身につけることをねらいとしており、授業構成を3つの段階に分けて理解させていく授業展開を試みた。

これに加えて、地理的な視点から地域社会をとらえるのみならず、地域に潜む課題の抽出方法、地域社会における各種主体（行政、企業、学校、市民など）どうしの関わり、課題解決に向けて求められる力、その中に積極的にかかわることの意義について理解し、持続可能な社会を担う市民としての社会参加能力とともに自己実現能力を身につけていくことを意図して学習方法に工夫を施した。

具体的には、離島という隔離された地域社会を事例として学び、地域社会が抱える諸課題を包括的に理解するとともに、市民の立場から課

## よそ者、わか者、がんこ者が地域を拓く。

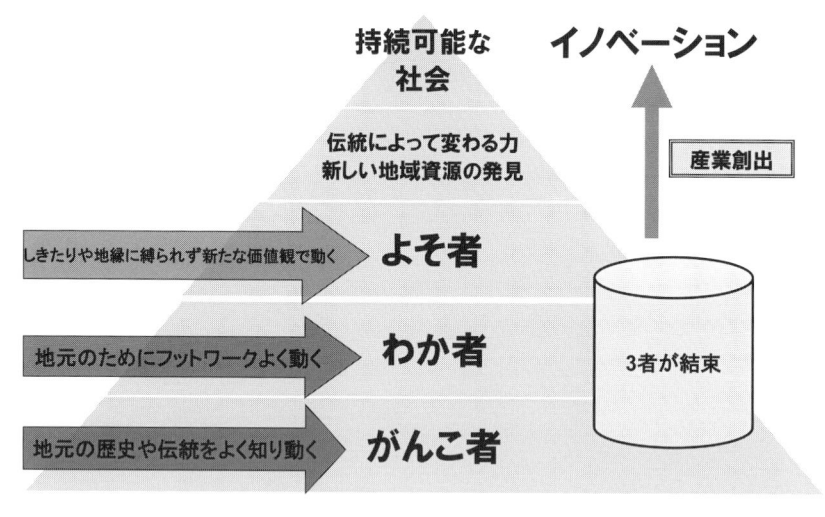

図1　よそ者・わか者・がんこ者の概念図（筆者作成）

題解決に向けた取り組みに積極的に参加することの意義、持続可能な社会づくりで自分が期待されるという自己実現の大切さを理解することに重点を置いた。さらに、市民参加を「よそ者」「わか者」「がんこ者」の3つの主体（図1）に分け、それらのいずれかを疑似体験することによってコミュニケーション能力やプレゼンテーション能力などの向上に寄与し、自己の成長を促すようにした。

また、授業全体を通じて、イノベーション（社会システムを刷新することにより、新しい価値を生み出していくこと）という概念を理解し、わが国の将来と発展を担う人材の育成にも寄与することを試みた。これによって、自分が生まれ育った国や地域を愛し、ひいては国際社会で活躍できる人材の育成が図れるものと考える。

なお、本稿は、筆者が東京工業大学 AES（Advanced Energy Systems for Sustainability）センター主催の「社会人コミュニティビジネス講座」（写真1）や中学校の「総合的な学習の時間」で行った実践を再構成したものである。地理の授業では、中学校の「身近な地域の学習」、高校地理Aの「生活圏の諸課題」において十分活用することができる。

**(2) 第1段階・第2段階における授業の概要**

ここでは、第1段階、第2段階の授業の概要について紹介し、本実践のメインとなる第3段階については次章で詳細を示すことにする。

第1段階では「考える力の土台づくり」に重点を置き、地域活性化の必要性について日本を取り巻く社会の現状との関わりから学習者に考えさせた。次に、地域活性化に不可欠とされる地域力

写真1　コミュニティビジネス講座の様子

**表 1　授業の単元構成**

『地域力に根ざした持続可能な社会づくりの実践』
〜離島からみる地域活性化の方策〜

第 1 段階　持続可能な社会づくりに必要な知識の習得（考える力の土台づくり編）
（1）　本授業の目的と日本の地域社会を取巻く潮流（1 時間）
　　・現代社会を取り巻く諸課題である「人口減少・高齢化」「国際化・グローバル化」「地球規模での環境問題」の意味を理解する。
（2）　社会とは何か、なぜ地域活性化が今必要なのか（1 時間）
　　・地域活性化がいまなぜ必要なのかを日本の社会産業構造の視点から理解する。
（3）　地域活性化を図る仕組みと地域力の必要性（1 時間）
　　・地域力とは何か、どのように育まれたものなのか、地域活性化の主役は誰なのか、行政組織や住民の視点を中心に理解する。

第 2 段階　離島＝島根県海士町を例に地域活性化を考える（事例から知恵を学ぼう編）
（1）地域再生への挑戦「海士町を例として」Part1（1 時間）
　　・町消滅の危機に直面した離島・海士町の苦悩と活性化への方策をどのように人々が共有していったかを理解する。
（2）地域再生への挑戦「海士町を例として」Part2（1 時間）
　　・活性化への道を歩みだした海士町の地域力の創生と共生の姿を「移住者、Ｉターンの若者、地元住民」の実践活動を通じて理解する。
（3）地域力を形成し持続的な発展を続けるためには（意見交換を中心に）
　　〜参加型社会の重要性とそれを支える生活者〜（1 時間）
　　・様々な立場の人々が意見を闘わせ、お互いを認め合うことから地域活性化の目標が見え、その目標を世代間でつなげて行くことの重要性を理解する。

第 3 段階　身近な地域で地域力を考えてみよう（創発とアイデンティティを育もう編）
（1）フィールドスタディ 1：調べてみよう（1 時間）
　　「自分の地域はどうなっているのか、何か課題となっているのか」
　　・学習者が通う学校の周辺に点在する商店街、町工場、オフィス、料理屋などの生い立ちや人々の流れなどを文献と体験によって理解する。
（2）フィールドスタディ 2：具体的な案を考えよう（1〜2 時間）
　　「例えば、自分の学校を防災拠点とした場合に地域としてみえてくるものは」
　　・地域活性化に必要な検討材料の収集、地域の課題や方向性を自ら考え、各自がアイデアを出し、それを実行していく「地域の絆」を感じることができる。
（4）　フィールドスタディ 3：自分さがしの旅をはじめよう（1 時間）
　　「地域課題を解決するために自分のできることは」
　　・集まる仲間の役割などの行動様式と戦略を自ら考え、自分のアイデンティティを育むと同時に、持続可能な社会構築の意義を理解する。

について取り上げ、その定義（「地域に生活するさまざまな人々や企業、商店街などからなる地域の絆」「お祭りや学校行事、防災活動などを根幹に形成されたもの」）や意義について理解を促した。

第2段階では「知識を知恵に変換する能力の育成」に重点を置くことを視野に入れて、島根県隠岐諸島に位置する離島・海士町における地域活性化の具体例について取り上げた。

ここでは、海士町の地理的特性や歴史的変遷、置かれた現状を踏まえた上で、地域活性化に欠かすことのできない存在である「わか者」「よそ者」「がんこ者」という3つの主体がお互いを尊重し合い協力することの大切さを学習者に認識させた。具体的には、外部から来た「よそ者」の存在によって、「わか者」「がんこ者」という地元に古くからいた人たちが地域の持つ良さに気づき、地域活性化の引き金になることをロールプレイの手法を用いて実感させた。

## 3. 第3段階「身近な地域で地域力を考えてみよう」の詳細

第3段階では、学習者にとっての身近な地域を事例に、自分の考え方に沿った地域課題の解決策や地域活性化策を模索すると同時に、積極的な社会参加を通じて関係する人々を変えることができることを学んでいく。とくに、イノベーションを実践することの重要性を理解するとともに、自分という個人が社会を変えることができる存在であることを知り、生涯に渡って「共助」の思想を育み、次世代へ継承する担い手になってもらうことを意図して授業づくりを行った。

第3段階は以下のように4つの手順で授業を展開した。

ⅰ．地域力とイノベーション効果の関係を再整理してみよう。
ⅱ．自分と地域の絆を確かめてみよう。
ⅲ．学習者が生活する地域の商店街の状況を把握してみよう。
ⅳ．地域とのつながり、国とのつながり、グローバルなつながりをどう考えているのか発表しよう。

ⅰでは、地域力が経済性の論理や市場経済主義に引っ張られ地域崩壊につながっていったこと、行政機構だけでは解決できない課題が多く顕在化してきており、まさに地域力に根ざした参加型社会の構築こそが地域の活性化につながることを文献資料や学習者各自の体験を踏まえて気づかせた。

ⅱでは、自分はなぜこの場所に生まれ住んでいるのか。両親はなぜこの地を生活地として選んだのか。祖父母はどうだったのかなどを整理させ、地域と自分の絆を知るためのきっかけづくりを行った。

ⅲでは、グループごとに身近な地域のフィールドワークを行い、以下の観点から商店街調査を行った。

1）商店街で売っているものは何か
2）なぜ人通りが少ないのか
3）どうして駅前じゃなく離れたところに商店街があるのか
4）地域自慢のものがあるか
5）どんな将来計画があるのか

ⅳでは、フィールドワークの成果を踏まえて、学習者自身が地域とのつながりをどう考えているのかをクラス内で共有するために、グループごとに商店街活性化のための具体策についてのプレゼンテーションを行った。その際、商店街や役所の方にもプレゼンテーションに参加していただき、また、各グループが提言した活性化策を評価していただくことで、学習者たちは地域活性化策を提言することの難しさ、活性化策を実際に実現させ

**表 2　地域活性化を例とした ESD の考え方の流れ**

```
                地域活性化がなぜ必要なのか
1) 地域社会を取り巻く状況
    ・人口減少・高齢化　・・・まちから人が消える。若者がいない。年寄りばかり
    ・国際化・グローバル化・・・安いモノが外国から入ってモノが売れない、会社
      がなくなる
  ・国にお金がない・・・商店街、学校、道路などが老朽化して今風でない
2) このまま行くと
    ・税金を払ってくれる人や企業が減り、ますます地域やまちはすさんでいく。
    ・お年よりだけになると若者は他地域へ出て行ってしい、ますます人が減る。
3) だから、地域に頑張ってもらう
    ・東京から地方へお金を回すにも限度があり、地域を応援して国全体を良くし
      て行こう。
         ※「地域」とは市町村区、商店街、温泉街、駅周辺などの範囲でまとまっ
           た空間をいう。
4) 地域に不安をもつ有志が集まり、その現状と課題を明らかにする。(問題提起)
         ※有志とは元企業、商店街組合、商工会、NPO、学識経験者、市民
5) 地域の課題を解決し将来像を話しあう。(課題解決の方向)
6) 地域の将来像を政策決定する。・・・市役所などで計画をつくり予算をとる。
7) 地域活性化の詳細項目（事業計画）に従って、地域の担い手の役割分担を決
    める。(戦略)
8) 専門化からのアドバイスを参考に実行に移す。
9) うまくいっているかどうかを考え、悪いところを改める。(検証と再スタート)
```

ていくためには超えなければならないハードルが多々あることを実感していった。

なお、表2は地域活性化を授業で取り上げる際の学習者の思考プロセスを大まかに示したものである。本実践、とくに第3段階の授業はこのプロセスを重視して取り組んだ。

## 4. 授業実践をふりかえって

本実践で学習者より得られた感想を紹介する。

★自分の住んでいる地域の経済、歴史や文化を学ぶことは、個人として地域にかかわる土台づくりにつながり、いろいろな知恵やアイデアが浮かんでくるようになった。

☆いろいろな世代や多様な価値観を理解し、お互いに尊重することの中から地球環境問題などのグローバルな課題への対応策がでてくるものだと感じた。

★自分のルーツである地域を深く理解することは、自分の家系を知ることにもつながり、日本を愛する気持ちがさらに強くなったと同時に国際社会において「おらがまち」を自慢したくなった。

☆地域というものを通して、様々な職業があることに気づいた。社会人になった時にこのまちで生まれて良かったと思いたいし、子どもたちにもそのように思ってもらいたいと感じた。

★新しい価値観や自分への自信がいろいろな人たちと議論することによって芽生えてきた。もっと交流をして自分さがしを行っていきたい。

☆自分の生まれたまちを知らない人が外国を理解することはできないと感じた。やはり、お互いに自慢できる何かをもち、それを話し合うことによってお互いの理解が深まるものだと思った。

★東京の生活が当たり前と思っていたが、狭い日本の中でも住んでいるところや気候が違うだけで価値観や大切にするものが違ってくるのかなと感じた。自分を中心に物事を考えることの傲慢さを感じ、地域や日本、そして世界のために何かできる存在になりたいと思った。

ここから、本実践を通じて学習者は様々な世代や価値観を超えた人とのつながりの場が持てたこと、そのことが自分自身を大きく飛躍させ自己実現への一歩をつかんだことを実感したように思われる。また、指導者も常日頃から地域社会の動きに目を配り、学習者とともに成長していく姿勢が望まれる。

## 5. 読者へのメッセージ

イギリスの経済学者ジョン・スチュアート・ミル（1806～73年）は、「直接自分の幸福の向上を目的にせず、例えば他人の幸福を目的にしてみるといった人生の楽しみ方を通りすがりに味わうことをもって人生の方針とした」と著している。おそらくは、「通りすがり」という観察者としての目と「よそ者」としての新たな価値観の提供を試み、不確実性がはびこる世の中で人と人の絆を手繰り寄せようとしたのではないだろうか。

このことは私たちが生きている現代においてもそのまま当てはめることができる。持続可能な社会の実現、環境共生と社会のつながりや個人の生きざまを強く見つめ直すことが今日の社会において求められているが、こうした考えを一歩進めて「参加者」「当事者」としての人とのつながりや、地域の絆を人生の楽しみとして味わうことが必要なのではなかろうか。ミルの遺した言葉の今日的意義は大きいといえる。

## 6. 教材開発のための文献リスト

丹保憲仁編（2002）：『人口減少下の社会資本整備―拡大から縮小への処方箋―』土木学会

大橋正和編（2005）：『ネットワーク社会経済論―ICT革命がもたらしたパラダイムシフト―』紀伊国屋書店

吉田文和・池田元美編（2009）：『持続可能な低炭素社会』北海道大学出版会

内野善之（2009）：首都高速道路ネットワーク強化における公民パートナーシップ構築の考察. 専修大学都市政策研究センター論文集.5, pp.113~161.

内野善之編（2009）：環境・資源循環型コンビナートへの変革. 専修大学都市政策研究センター論文集.5, pp.162~198.

柏木孝夫監修（2012）：『スマートコミュニティ―未来をつくるインフラ革命―』時評社

柏木孝夫編（2012）：『エネルギー革命―3.11後の新たな世界へ―』日経BP社

実践編 Ⅱ　社会参画

# 2.3　日本のエネルギー問題を考える
## －原発総選挙－

柴田　祥彦

❀ キーワード ❀
エネルギー問題、原子力発電、社会参画、地域間の不公平

## 1．原発問題を取り上げる意義

　2011年3月の東日本大震災に伴う福島第一原子力発電所（以下原発とする）の放射能漏れ事故は、広大な地域を汚染し、未だ収束の見通しがたっていない。そして現在でも、淡路島の面積に匹敵する地域の立入が制限され、多くの人々がふるさとに戻ることすらできない状態が続いている。

　筆者が勤務する都立高校も震災時には大きく揺れたが、直接的な被害はなかった。そのため計画停電によって電車の運行が大きく混乱する中でも、通常の授業が続けられた。しかし、生徒たちの目にはたび重なる余震と原発事故への不安が浮かび、とても普段の勉強に集中できるような心理状態ではないことは明らかであった。筆者のもとには「これから日本はどうなってしまうのですか？　余震はいつまで続くのですか？」と不安な表情で質問してくる生徒が少なくなかった。地理の授業では原発を含むエネルギー問題や、地震や津波について扱ったため、地理の担当者ならばこの未曾有の事態を説明してくれるのではないか、と生徒は思ったとのことであった。なるほど、学校には国数英から芸術まで各分野の専門家が集まっているが、地学がカリキュラムから削減されてしまった本校では、地学的な内容を説明できる教員は地理の担当者しかいないのである。

　そこで、本来三学期の後半は一年間の総まとめとして貧困や開発、そして地球環境問題について考えさせる参加型学習を計画していたのだが、地震や原発災害について情報を分析し、生徒たちにわかりやすい言葉で解説を行うこととした。

　原発については、平成生まれの現在の生徒たちにとって、すでに過去の歴史的に出来事となっているスリーマイル島やチェルノブイリ原発の事故について簡単に解説を行った。

　すると、ある生徒から「だったら原発の危険性はわかっていたのに、どうして地震の多い日本に原発なんかつくったんですか？」という、これまで原発を推進してきた大人世代への批判を含んだ質問が寄せられた。筆者は結果として原発を推進させてきてしまった大人世代の一員として、汚染物質を背負わされる次世代の若者たちに対して、申し訳ない気持ちでいっぱいになった。

　地理教師として、これまでも授業で原発については触れてはきたが、事なかれ主義的に当たり障りのない内容を教えてきただけだったのではなかったか――、個人として原発には反対してきたものの、積極的に意思を表明することをしてこなかったのではないか――など、若い世代の射るような視線を受け、筆者はそれまでの授業スタイルや自分の生き方を振り返り、反省した。

　原発の問題は、その恩恵は現役世代が受けるものの、放射性廃棄物という大きなツケは次世代に

引き継がれるという世代間の不公平が存在している問題であること。そして恩恵を受ける都市部と負担を強いられる地方という地域間の問題も存在すること。そして原発を含むエネルギー問題は、エネルギー資源に乏しいわが国にとって、いわばアキレス腱であることなどの点から、ESD の授業で扱うにふさわしいテーマであると考えた。そこで、2011 年度は例年二学期に扱うエネルギー問題の授業を一学期末に、原子力発電に焦点を置く形で実施すべく授業計画をたてた。

一方、放射能漏れ事故の収束の見通しはまったく立たず、多くの人々が依然として避難生活を続けていること。また、これまで原発の問題は教育現場においてイデオロギーの問題とも微妙に絡んできた「きわどい」テーマであるため、授業で真正面から扱うことに少々不安を感じていたのも正直なところであった。

しかし今、次世代を担う若者たちが資源小国日本のエネルギーについて考えずしていつ考えるのか。そして、地理という科目は獲得した知識や見方・考え方を現実の社会で活用する教科ではなかったかと考え直し、この授業を実施した。

## 2. この授業のねらいと単元構成

### (1) 参加型学習の導入

持続可能な開発のための教育（ESD）では、知識の定着とともに何らかのアクションにつながることが強く求められているため、学ぶ内容もさることながら、学び方が重視されている。そこで、ややもすると一方的な知識注入型に陥りやすい講義形式ではなく、生徒たちが討論やグループワークといった体験的な学びの中から、自分の力で何かをつかみ取らせる参加型学習の授業を行うこととした。

### (2) 授業への選挙の導入

当初、日本のエネルギー問題や原子力発電所のメリット・デメリットを両面からとらえることができるため、原発の推進派と反対派に分かれてディベートを行おうかと考えた。ところが、なかなか調べ学習の時間やそれを行うパソコン室の確保が難しいことから、あきらめざるを得なかった。

そこでディベートではなく、授業に選挙という意思決定の要素を取り入れ、有権者の立場になってこれから原発をどうしていくのかを考えさせる授業を計画した。というのも筆者はかねてより地理担当者でありながら選挙を重視してきたのだが、これは「社会科」教師として選挙のたびに投票率の低さを憂いてきたからである。

社会科諸科目では社会参画が求められているが、社会参画とは何も遠くの砂漠に植林に行ったり、ボランティア活動をするといった「特別な」ことではなく、情報を収集し、自分の頭で熟慮し、主権者として選挙権を行使するということこそが、現在の日本で喫緊に求められている最低限の「社会参画」ではないかと考えているからである。

また、当時高校生の間でもアイドルグループ「AKB48」の総選挙が話題になっており、そのような話題を利用したという側面もあったことをここに正直に告白しておく。

### (3) この授業のねらい

①日本のエネルギー問題、とりわけ原子力発電の今後について、将来の有権者として主体的に考察できるようになる。

②他者の意見やものの見方を知ること通じて、物事を多面的にみることの重要さに気づくことができるようになる。

③地域間の不公平に気づき、その自分なりの解決策を考えることができるようになる。

### (4) 単元構成

一学期の前半は教科書の順序どおりに時差、図法、交通・通信、国家群などの内容を行い、一学期の中間テスト後から、期末テストまでの間に次のような授業を行った。

この指導計画のハイライトは⑧の時間に行う「原発総選挙」である。そのため、投票時に必要な知識を洗い出し、それを7時間かけて授業で扱う計画を立てた。つまり、①で日本には地震や火山が多いという自然環境の特徴を学び、続いてわが国のエネルギー資源について歴史を踏まえて振り返る。それからパレスチナ問題にまで踏み込んで、オイルショックの背景を理解した上で、その当時のわが国の対応を考察させるという授業計画を立てた。

　①プレートテクトニクス
　②大地形とエネルギー資源の分布
　③エネルギー資源としての木材
　④エネルギー資源としての石炭
　⑤エネルギー資源としての石油　その1
　⑥エネルギー資源としての石油　その2
　⑦パレスチナ問題とオイルショック
　⑧原発総選挙

　この単元は新学習指導要領において、以下の項目に対応している。

高等学校地理A
（1）現代世界の特色と諸課題の地理的考察
　　ウ．地球的課題の地理的考察
高等学校地理B
（2）現代世界の系統地理的考察
　　イ．資源、産業
（3）現代世界の地誌的考察
　　ウ．現代世界と日本

## 3. 実践指導案
### （1）授業展開
　①5分　グループ分け
　　誕生日順に一列に並ばせ、5人ずつ、全8グループをつくり、机を向かい合わせて「給食の隊形」にする。

　②10分　立会演説会
　　資料1の各候補の主張の要旨とワークシートを配布してから演説する。
　　教師が1人3役、各3分演説し、生徒は必要に応じてそのポイントをメモする。
　③2分　個人として投票したい候補者を決定
　④20分　グループで応援したい候補者を決定するための話し合い
　　話し合いの前に実社会では自分たちの要求を実現するため、団体として選挙を応援することがあるということを説明する。
　⑤10分　各グループが応援したい候補者を、その理由とともに発表する。その時、グループでの話し合いの要旨や少数意見なども説明する。
　⑥3分　ふりかえり
　　ワークシートに感想などを記入する。

　この実践のような参加型学習では、生徒たちの積極的な発言が求められる。しかし正直にいえば普段の私の授業は、ほぼ一方通行の講義形式である。そのため「今日の授業はいつもと違うぞ」ということを生徒たちに強く印象づけるためにも、グループ分けの方法には工夫を凝らした。

　この実践時には、誕生日順に生徒を教室内の壁に沿って一列に並ばせてみた。並ばせた後は、「誕生日が同じ人はいる？」「今日が誕生日の人は？」など生徒たちにとって臆せず答えやすい質問をするとともに、適切に突っ込みを入れて場を和ませてからグループごとに着席させた。

　立会演説会は教師が1人3役で行ったが、台本を作るゆとりがなかったため、キーワードのみを書いたメモをみて即興で、声色も若干変えて演説を行った。こちらは話のプロなので、キーワードだけでも何とかなるだろうと甘く考えていたが、1人の立場ならばなんとかなったが、間髪いれずに3人の立場からの話を即興で話すのは、正直かなり苦しいものがあった。

なお、この授業は話し合いによって応援する候補者を選ぶという授業になってしまったが、これは選挙の談合ともいえるわけで、民主主義を教えなければならない社会科教師として、適切な手法ではなかったと考えている。

公立学校では文化祭の売り上げを公的機関に寄付することも多いため、当初はよりリアリティーを求めて、エネルギー問題に対して提言を行う3つのNPOに、文化祭の売り上げを寄付するというストーリーも考えた。しかし、国全体のエネルギー政策の決定はNPOというよりはやはり国政選挙であろうと考えたこと。そして選挙の大切さを理解させたいという意味を込めて、適切できないことを承知でこの実践を行った。

この点については今後改良していきたいと考えている。

### (2) 評価のポイント

地理Aの授業で行う以上、参加型で行った授業についても評価をしなければならないのだが、参加型学習での評価は実に難しい。例えばこの授業で扱うエネルギー問題の是非については絶対的な正解というものがないため、主として正誤を問う定期テストにその内容を組み込むことは極めて困難である。正誤ではなく、この問題についてどのように考えたのかを記述させればよいという考えもあろうが、個人の考えを点数化することはできないと考えるし、その論理構成力でもって採点するという方法もあるが、限られた時間で採点するのは極めて困難である。

本来ならば、自分が調べたことや議論の過程で考えたことなどをまとめたレポートで評価を行うのがベストなのであろうが、筆者はこの方法は「持続可能」とは言い難いと考える。というのも、前任校で80名の生徒を対象に参加型学習を行い、そのテーマについてどれだけ深く考察できたかを評価基準としてレポートによって評価を行ったが、その時間的な負担は極めて大きいものであったからである。

そこで今回はワークシートの質問3と4の部分にコメントを記入しながら、興味・関心という点についてのみ評価を行った。ただ、このことを生徒に告げると教師におもねった意見を書くのではないかと考えたため、評価の観点は伝えなかった。

## 4. 実践のふりかえり
### (1) 投票結果

グループとして応援したい候補者は、実践した全8クラスを平均すると表1の通りになった。全てのクラスで、25年かけてゆるやかに脱原発をすすめていくと主張した前田候補が、最も票を集めた。

これはグループとしての意見であるので、個人としてはどうなのかと思ったため、授業の最後にその場で目をつぶって挙手させることで個人での投票の意志を確認してみたが、この場合でも前田候補の圧勝という結果であった。

生徒たちは前田候補を推す理由として、「原子力発電は怖い面もあるが、経済が停滞するのはもっと困る」「冷房のない生活はなかなか難しい、人のライフスタイルはなかなか変わらないものだ」「原子力発電をすぐにとめるのは理想だが難しい」「一度事故を起こしたのだから、今後は原発の安全性はより一層高められ、もう同じ失敗は繰り返されないだろう」といったことをその理由としてあげていた。

私は、「原発は危険だから即時停止」、という単純な反応が返ってくるのではないかと予測していたので、電力需要やライフスタイルまで考慮した

表1 投票結果

| 前田候補 | 大島候補 | 柏木候補 |
|---|---|---|
| 25年で原子力発電を停止 | 10年で原子力発電を停止 | 即時に原子力発電を停止 |
| 5票 | 2票 | 1票 |

生徒たちの答えには正直感心した。しかし、その思考はいわゆる政府見解に沿った原発の功の面のみをなぞるものであり、放射性廃棄物の処理などの原発の負の側面にまで踏み込んだ意見は聞かれなかった。

そこであるクラスでは、功罪両面の知識量のバランスをとるため、放射能汚染がもたらす健康被害などの悪影響や、放射性廃棄物の方法とそのコストといった原子力発電の負の側面を紹介してから投票させてみたが、前田候補の票が若干少なくなったものの、投票結果への影響は小さなものであった。

あるクラスでは、放射線管理区域で働く人々への健康被害が懸念されるため反対であるとの意見が寄せられた。なかなか鋭い視点だと思い、どうして知ったのかを尋ねてみたところ、家族が「原発ジプシー」の本を読んだことがあり、この事故をきっかけにその本の内容を話してくれた、ということであった。

(2) 実践の反省点

授業のねらいが達成できたのか検証してみる。

① 日本のエネルギー問題、とりわけ原子力発電の今後について、将来の有権者として主体的に考察できるようになる。

今回の授業では、教師が生徒たちに一方的に知識を与えるだけで、生徒は知識の獲得段階では受身の姿勢であったためか、その知識は表層にものにとどまり、主体的な考察が十分にできたとはいいがたかった。やはり時間をかけて、能動的な調べ学習の時間を確保すべきであったと反省した。

② 他者の意見やものの見方を知ること通じて、物事を多面的にみることの重要さに気づくことができるようになる。

グループでの話し合いは、想像以上に活発で生徒は生き生きとしていた。やはり主体的な活動は自分が授業に参加しているという意識を実感することができるからなのであろう。生徒たちの感想文の中にも「普段の授業以上に頭を使った」「正解が見つからず、頭がぐちゃぐちゃになった」「難しかったけど楽しかった」など自分の頭で考えて解決策を見つけ出すことの困難さと、その過程の充実感を示したものが多く、この点に関しては目標を達成できたと思う。

また、「みんな結構いろいろ考えているんだなとわかった」「私と違う意見もあり、そんな考え方もあるのだなと思った」といったように自分と異なる者の見方に気づかされたという意見も多く、この点に関してもねらいは達成できたと思う。

③ 地域間の不公平に気づき、その自分なりの解決策を考えることができるようになる。

生徒たちの多くが生まれてからずっと東京で暮らしているため、仕方がないといってしまえばそうなのだが、やはり電力を消費する都市の側の視点からのみでしかこの問題をとらえられず、東京に電力を供給してきた福島の側からこの問題をとらえることが充分ではないと感じた。

これについては、別途地域間の問題に焦点をおいた教材を実践する必要があると考えた。原発をめぐっては広範な問題があるため、次の実践時では何について考察するのかをもっと絞り込み、明確にしなければならないと感じた。

## 5. 読者へのメッセージ

筆者はかつて、参加型学習に否定的であった。なぜなら、授業とは効率よく知識を伝達する手段であると考えていたし、私自身も基本的には講義形式の授業しか受けたことがなかったため、生徒が自ら学ぶということを実感していなかったから

(48ページにつづく)

## 資料1　GEOGRAPHY SPECIAL PRINT　「原発総選挙」

1. 各候補者の主張

|  | 前田 | 大島 | 柏木 |
|---|---|---|---|
| 主張 | 原発は安全性を強化して新しいものだけ存続。25年かけて原発を全廃する。 | 原発は10年かけてまず都市近くの原発から段階的に廃止していく。 | 原発は即時停止する。 |
| 原発の存続 | ・原発は危険か？今回宮城県の女川原発は無傷だった。つまり老朽化した原発が問題、経25年以上の原発は即時廃止。<br>・安全性だけを考えるならば即時廃止だが、エネルギーの少ない日本に原発は不可欠。 | ・原発廃止は理想だが経済成長や雇用面でもとても重要。故に原発の全停止は、非現実的。<br>・影響を考え都市部に近い原発から廃止し、今後10年かけて原発を全廃していく。 | ・今回の福島の惨状を直視せよ。<br>・命あっての経済だ。健康な暮らしのため経済が犠牲になるのはやむをえない。<br>・第二の福島を出さないため、全国54基の原発はすべて即時停止とすべきだ。 |
| 浜岡原発 | ・古いものから順番に廃止するので浜岡の順番がきたらその時廃止する。特別扱いなし。 | ・万が一事故が発生すれば日本経済の中心の東京が汚染されるので最初に廃止すべきだ。 | ・現在停止中なので、そのまま停止、廃炉とする。 |
| 代替案 | ・自然エネルギーで補えればよいが短期間に整備することは難しい。だから今後25年かけて自然エネルギーを増やしていく。 | ・原発相当分の電力をわずか10年で新エネルギーで充足させるのは困難。不足分は原発の電力でカバーする。 | ・国民のライフスタイルを大幅に変えるべきであり、その範を世界に示すべき。<br>・不足する電力にライフスタイルを合わせればよい。 |
| 雇用経済 | ・電力の安定供給は経済立国日本の条件、原発なければ電力不足、工場はますます空洞化する。雇用、税収はどうする？<br>・また原発労働者など地方の雇用をどうするのか？ | ・急激な転換はショックをもたらす。だから10年かけて産業を転換させていく。<br>・人件費で途上国にはかなわないので日本はハイテク産業や研究部門に特化すべきだ。 | ・自然エネルギーの地産地消は新たな産業を生み出すはずである。<br>・日本は資源のない小国なのだから、背伸びしないで身の丈にあった国になればよい。 |
| まとめ | ・リスクはつきもの。車は多くの死者を出しているが、利便性高く全廃となっていない。原発はある種の必要悪だ。 | ・理想だけ語るのは誰でもできる。現実との折り合いを示せるのが真の政治家である。原発の即時全廃は絵空事。 | ・日本は非常時にいつも世界に範を示してきた。今こそ理想社会の実現に舵を大きく切るべきだ。 |

注：選挙候補者名は、AKB48にならったもの。

2．この授業を通じてあなたは、原子力発電を含む日本のエネルギー問題を様々な角度からとらえることができるようになりましたか？　該当する選択肢に○をつけてください。

　　　　　　はい　　　　いいえ　　　　どちらともいえない

3．この授業であなたが学んだことはどのようなことですか？　あるいは、どのような力（もしくは学力）が身についたと思いますか？

4．この授業の感想を自由にお書きください。

1年　　　組　　　番　氏名

（45ページからつづく）

である。そして、教員になってから研修会で、参加型学習を自分自身が生徒の立場で受講し、その効果を実感してもなお、自分の話術を磨きさえすれば上手に運営できる講義形式から抜け出そうという気持ちになれなかった。参加型学習で必要となる、生徒の発言を引き出す技術や、教室をそのような雰囲気にするスキルなど、新たなスキルの習得が負担であると考えていたからである。

参加型学習で生徒が気づき、変化できるということは、我々教員も変化できるということではないだろうか。先生方は責任感が強く、まじめな方が多いため、参加型学習にも完璧さを求める方が多いと思うが、一歩進んだ跡に道は自ずとできるもの、とにかく自分の気に入った実践を真似してみることをまずはお勧めしたい。

おそらく今回の震災を、後世の歴史家は「日本の大転換点」ととらえることだろう。その時、日本がこの原発事故を契機に世界が抱えているエネルギー問題に新たな方向性を示し、それを実現させたと評価されるようになりたいと考えている。

そのために、仲間と連携して問題の解決にあたるという姿勢を参加型学習で体験させ、知識偏重ではなく思考力を育む授業を実践していきたい。

## 6. 教材開発のための文献リスト

全国地理教育研究会編（2005）:『地理8月増刊 地球に学ぶ新しい地理授業』古今書院
澁澤文隆編（2007）:『心を揺さぶる地理教材2』古今書院

**コラム**

# ESD 3領域15分野

　「ESD 3領域15分野」は、ヨハネスブルグ・サミット（2002年）を受け、ユネスコの『国連持続可能な開発のための10年（2005～2014年）国際実施計画案（以下、実施計画案）』（2004年）に示されたもので、各国の教育課程においてESDの具体的な内容を組み込んでいく際の指針の一つになっている。

　ちなみに、ESD 3領域とは、(1) 社会・文化、(2) 環境、(3) 経済を指し、15分野とは (1)～(3) それぞれの領域に含まれるESD関連分野を指している。(1) には「人権」「平和と人間の安全保障」「男女平等」「文化の多様性・文化間理解」「保健・衛生意識の向上」「エイズ予防・患者の家族の生活保障」「行政管理能力」の7分野が、(2) には「自然資源」「気候変動」「地域格差の是正」「持続可能な都市化」「災害の防除と被害の削減」の5分野が、(3) には「貧困削減」「企業責任」「市場経済」の3分野がそれぞれ包含されている。

　これら15分野をテーマに授業実践を行うにあたって、いかなる視点で学習内容・学習方法を組織化していくのかが課題となる。その際の手がかりとして、本書理論編で梅村が提起した「システム・アプローチ」の考え方が参考となる。

　学際的な性格を持つESDは、幅広い内容領域を扱うゆえに、教師の側ではともすると諸領域間の関係性を考慮せず個々の分野を単独で教える傾向がある。それゆえ、①「私たちの住む地球は環境、経済、社会・文化のサブシステムが互いに密接にかかわり合い、さらに大きな一つのシステムを形成していること」、②「地球的諸課題はそうしたサブシステムが複雑に絡み合って生じていること」、③「諸課題解決にあたって総合的見地に立って考える必要があること」を学習者自身が気づいていくために、授業づくりや教材開発に何らかの工夫がなされる必要がある。

　このような「システム・アプローチ」を生かしたESDを通じて、本書理論編で福島が提示した環境、経済、社会（コミュニティ）、福祉の調和的かつ持続的発展を目指した地域社会を構築する能力、換言すれば多様な地域社会の創造に能動的に参画できる能力が学習者に培われていくのである。

（泉　貴久）

**参考文献**
ユネスコ（2004）：『国連持続可能な開発のための10年（2005～2014）国際実施計画案』ESD-J（http://www.esd-j.org/j/documents/DESD_J_Draft2.pdf#search）
生方秀紀・神田房行・大森享編（2010）：『ESD（持続可能な開発のための教育）をつくる―地域でひらく未来への教育―』ミネルヴァ書房
中山修一・和田文雄・湯浅清治編（2011）：『持続可能な社会と地理教育実践』古今書院

**コラム**

# ESDと自己実現

　ESDはユネスコ（国連教育科学文化機関）が中心となって推進している世界的な取り組みで、「持続可能な社会の担い手を育む」教育ともいわれている。2008年7月に策定された教育振興基本計画によると、「地球的視野で考え、様々な課題を自らの問題としてとらえ、身近なところから取り組み、持続可能な社会づくりの担い手となるよう一人一人を育成する教育『持続発展教育 / Education for Sustainable Development（ESD）』」が、今後5年間に総合的かつ計画的に取り組むべき施策として提唱されている。

　実際、2009年3月に告示された高等学校の新しい学習指導要領にも色濃くこの理念が反映されている。例えば、地理歴史科では「持続可能な社会の実現」、公民科では「持続可能な社会の形成に参画する」といった文言で示されている。

　「持続可能な社会の担い手づくり」というESDの目標は、社会変革という性格を持つ一方で、学習者のあり方・生き方の確立、すなわち自己実現・自己変革という教育の本質と密接にリンクしている。その一例として、ユネスコスクール加盟校の一つである秋田市立秋田商業高等学校における取り組みが注目される。

　秋田商業高等学校では、ESDの理念に基づき、国際理解・国際協力活動を通して、生徒の自己実現が可能になるような活動を長年にわたって実践してきた。①「世界の現状を知る」、②「自分ができることを計画する」、③「実際に行動を起こす」ことを繰り返すことで、生徒が世界の現状を知り、そこから生徒ができることを実践していく。その結果として、自分の生活や自身を見つめ直すことにつながるとともに、今なすべきことを見出し、自己実現や進路実現につながっていくと考えたのである。

　具体的な取り組みとして、「総合的な学習の時間」に、アフリカの支援活動や国際協力、それらの活動を広く普及させるための小学校への出前授業、東日本大震災の被災地へのボランティアなどの実践活動を行っている。

　ESDは、持続可能な社会づくりへの意識と行動を変革することを目指した活動である。秋田商業高校の事例にみられるように、実践をともなった活動を具現化するためには、問題の解決や探究活動に主体的、創造的、協働的に取り組む態度を育てることが求められる。そして、このような態度の育成が、「自己のあり方や生き方」を考えることにつながっていくものと考える。なお、秋田商業高校のESDへの取り組みの詳細については、同校ホームページ（http://www.edu.city.akita.akita.jp/~akisho/）を参照されたい。

（池下　誠）

**参考文献**
秋田市立秋田商業高等学校ビジネス実践国際協力課（2008）：『高校生のための国際協力入門―世界を感じて、足元を見つめ直す―』アルテ
秋田市立秋田商業高等学校ビジネス実践ユネスコスクール班（2009）：『高校生のための国際連合入門―公正で持続可能な世界を目指して―』アルテ
秋田市立秋田商業高等学校ビジネス実践ユネスコスクール班（2010）：『高校生のためのアフリカ理解入門―お互いに学び合い、助け合うために―』アルテ
秋田市立秋田商業高等学校ビジネス実践ユネスコスクール班（2012）：『高校生のための地球環境問題入門―子供たちの未来のために―』アルテ

実践編

# III 多文化・相互依存

概念 （vページのマトリクス参照）　　　　　IIIの授業実践例

- スケール
- 相互依存
- 文化的多様性
- 市民としての権利と責務

3.1 ムスリムの多文化共生を考える

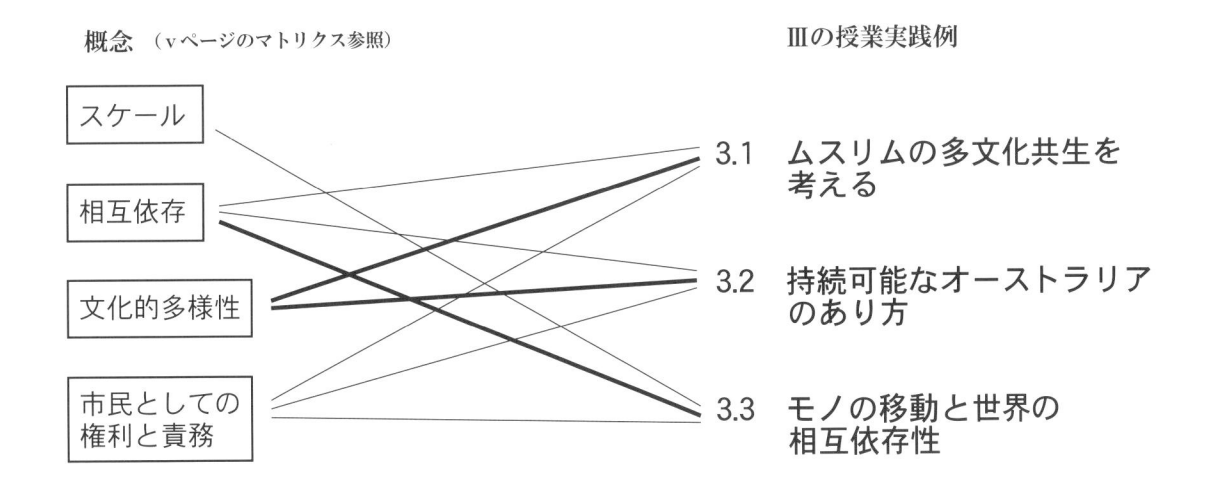

3.2 持続可能なオーストラリアのあり方

3.3 モノの移動と世界の相互依存性

■学習指導要領との対応 （viページのマトリクス参照）

| 中学校 | 地理的分野 | (1) 世界の様々な地域 |
| 高等学校 | 地理A | (1) 現代世界の特色と諸課題の地理的考察 |
| | | (2) 生活圏の諸課題の地理的考察 |
| | 地理B | (2) 現代世界の系統地理的考察 |
| | | (3) 現代世界の地誌的考察 |

## Ⅲ 多文化・相互依存

# 3.1 ムスリムとの多文化共生を考える

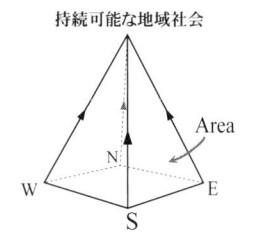

永田 成文

❈ キーワード ❈
ムスリム、生活文化、文化的多様性、男女平等、多文化共生

### 1. ムスリムの生活文化を地理授業で取り上げることの意義

　イスラム教は唯一神アラーを崇拝し、7世紀初めにムハンマド（マホメット）が創始した。西アジアや北アフリカを中心として世界中に広まり、キリスト教、仏教とともに世界三大宗教の一つとなっている。イスラム教徒はムスリムと呼ばれ、聖典コーランに基づくイスラム法（戒律）により日常生活の送り方が細かく規定されている。

　日本では、近年、インドネシアやパキスタンなどアジアのイスラム諸国からの移住者が多くなった。また、日本国内でムスリムの定住が進んでいる。日本各地にモスク（礼拝堂）が建てられ、イスラム教に改宗する日本人もみられるようになった。日本人は欧米文化に対しては憧れ、アジアやアフリカの文化に対しては偏見を持つ傾向がある。日本国内においてもムスリムとの文化摩擦が生じており、ムスリムの生活文化は「異質で受け入れることができない文化」というステレオタイプ的見方が強くなっている。世界、日本、地域における国際化が進展する中で、ムスリムの生活文化に対するステレオタイプ的見方を改め、ムスリムとの共生を考えていく必要がある。このため、ムスリムの日常生活の行動様式に着目し、その背後にある価値観をとらえ、文化的多様性の尊重につながるような地理授業が求められている。

　ムスリムの行動様式として、信仰の告白・礼拝・喜捨・断食・巡礼の5つの義務（イスラム五行）や、豚は食べてはいけない、お酒は飲んではいけない、男女は別々に勉強しなければならないなどのイスラム慣習がある。一般的な地理授業はこれらを生活文化として認識するまでに留まっている。

　日本国憲法第14条には、国民の法の下での平等と、性別による差別の禁止が定められている。日本で1985年に発効した国連の女子差別撤廃条約では、男女平等を掲げ、女子に対する差別の撤廃をうたっている。日本で生活し、教育を受けている日本人にとって、男女平等の価値観はあたりまえである。コーランには、男は女よりも優位にあると記されている。これに基づく女性の地位や男女の違いに関わるイスラム慣習は、日本人にとって受け入れ難く、異質な文化としてとらえられる。

　日本人の男女平等の価値観からとくに受け入れ難いイスラム慣習が、「女性は家族以外の人前で肌を見せてはいけない」である。ムスリム女性の多くは、顔の一部か全部を覆うベールを被る。コーランの中には「女は慎み深く、家族以外の男の人に顔や肌をみせてはいけない」という決まりがある。これは、女性の慎ましさの証とともに女性を掠奪から守るという考え方からきている。また、実用的効果として、乾燥地帯では湿度が低く乾燥

しているので、肌を出さない方が暑さをしのぎ、日差しやほこりを防ぐことができる。このイスラム慣習は、価値観の違いによって解決策が分かれるような社会的論争問題となることがある。

フランスでは、顔をすっぽり隠すようなブルカばかりでなく、スカーフの着用が論争となっている。2004 年に政教分離を理由にスカーフ着用を禁止する法令が出され、実際に高等学校で退学者がでた。公共プールでは、ムスリムの水着（ブルキニ）の着用も論争となっている。「女性は人前で肌を見せてはいけない」というイスラム慣習を教材に取り上げることで、ムスリムの生活文化の受容やムスリムとの共生を意識することができる。

## 2. 授業のねらいと単元構成

中学校社会科地理的分野（1）「世界の様々な地域」イ「世界各地の人々の生活と環境」において、人々の生活の様子を社会的条件（宗教）に関連づけて考察する単元として、「ムスリムとの多文化共生を考える」を開発した。

地理的分野の授業として、環境と人間との関わりの視点から、ムスリムの生活文化はイスラム教が誕生した地域の自然条件と大きく関係していることをとらえる。また、地域の視点からイスラム法の遵守は地域によって異なることをおさえる。「女性は肌をみせてはいけない」のイスラム慣習を例にとれば、髪をショールでおおう程度の国、体全体をベールでおおう国、顔も隠さなければならない国など地域により異なっている。

授業においては、イスラム諸国全体の生活文化をとらえるとともに、事例地域として厳格なイスラム教国であるサウジアラビアの生活文化を設定し、その行動様式と価値観を探究していく。その上で、ムスリムとの共生を考えていく。

単元のねらいは次のとおりである。

（1）文化的多様性の尊重とは、世界には様々な文化が存在し、それぞれの文化の違いを認めていこうとすることであることをつかむ。

（2）イスラム教は西アジアや北アフリカを中心に広がり、ムスリムの生活文化を規定しており、それらは地域により異なることを読みとる。

（3）厳格なイスラム教国であるサウジアラビアを事例として、イスラム五行などのイスラム慣習が定められた背景を自然・社会条件から追究する。

（4）日本や世界の人々とムスリムとの文化摩擦が生じている実態から、その解決のためには異文化を理解し、文化的多様性を尊重することが大切であることを意識できる。

（5）イスラム慣習の一つである「女性は人前で肌を見せてはいけない」の受容の是非について、クラスを形式的に半分に振り分けた立場から、その正当性を主張し、それらを参考とした多様な視点から自己の判断を行うことができる。

（6）世界における「女性は人前で肌を見せてはいけない」にかかわる文化摩擦の事例をとらえ、それらの要因を追究し、望ましい解決策を考えることができる。

（7）ムスリムとの学校における共同生活の場面を想定し、文化摩擦を少なくするためにお互いに求められる配慮を考えることができる。

（8）多文化共生の視点から、ムスリムの生活文化への寛容の態度とともに、配慮を行うような自己の行動の変革の必要性を意識できる。

単元構成は表 1 のようになっている。この単元は、地理教育の観点から社会参加を学習目標に位置づけた学習のプロセスである【地域を構造的にとらえる】→【地域に潜む問題を発見する】→【問題の背景・要因を追究する】→【望ましい解決策を考える】→【地域の将来像への提案】→【より

表1 「ムスリムとの多文化共生を考える」の単元構成（6h）

| 【地理学習過程】と《ESDの視点》 | 学習内容（学習テーマと項目） | | |
|---|---|---|---|
| 【地域を構造的にとらえる】<br>《環境の尊重》 | 第1時《イスラム教の特色とその背景》（1h） | | |
| | 導入 | －日本の内なる国際化（ムスリムの増加） | |
| | 展開 | －イスラム教の発祥と分布<br>－イスラム五行とその背景 | |
| | 終結 | －宗教と生活との結びつき | |
| 【地域に潜む問題を発見する】<br>《環境の尊重》<br>《文化的多様性の尊重》 | 第2時《ムスリムの生活文化の特色とその背景》（1h） | | |
| | 導入 | －日本とムスリムの生活文化 | |
| | 展開 | －厳格なイスラム教国サウジアラビアの生活文化<br>－女性にかかわるムスリムの生活文化の背景 | |
| | 終結 | －「女性は肌を見せてはいけない」の自己判断 | |
| 【問題の背景・要因を追究する】<br>《文化的多様性の尊重》<br>《経済的・社会的公正》 | 第3時《ムスリムの生活文化の受容を考える》（1h） | | |
| | 導入 | －「女性は肌を見せてはいけない」の形式的立場 | |
| | 展開 | －形式的立場の正当性（背景・要因）の提示<br>－意見交換をふまえた自己判断 | |
| | 終結 | －**「女性は肌を見せてはいけない」の受容方策** | |
| 【望ましい解決策を考える】<br>《文化的多様性の尊重》<br>《人間の尊厳》 | 第4時《ムスリムとの文化摩擦とその背景》（1h） | | |
| | 導入 | －日本におけるムスリムとの文化摩擦 | |
| | 展開 | －「女性は肌を見せてはいけない」の文化摩擦事例<br>－「女性は肌を見せてはいけない」の文化摩擦要因 | |
| | 終結 | －ムスリムとの文化摩擦への対応 | |
| | 第5時《ムスリムとの文化摩擦の解決策を考える》（1h） | | |
| | 導入 | －**世界の国際化（ムスリムとの世界規模の交流）** | |
| | 展開 | －世界のムスリムの生活文化への配慮（礼拝・禁食）<br>－**「女性は肌を見せてはいけない」の摩擦への配慮** | |
| | 終結 | －**文化摩擦の望ましい解決策（お互いの配慮）** | |
| 【地域の将来像への提案】<br>《文化的多様性の尊重》<br>《人間の尊厳》 | 第6時《地域におけるムスリムとの共生を考える》（1h） | | |
| | 導入 | －身近な地域の国際化（ムスリムの転入生） | |
| | 展開 | －**ムスリム側の配慮（礼拝・男女別学・衣服）**<br>－日本側の配慮（禁食）<br>－**身近な地域の問題 ex.津市の給食問題** | |
| 【より良い地域づくりへ向けての<br>　社会参画】《将来世代への責任》 | 終結 | －文化摩擦の解決に向けた行動の変革の意識<br>　（社会参画） | |

※ 太字は先行実践（4h）から新しく付け加えた部分。
※ 先行実践の学習内容の順序も一部変更している。

良い地域づくりへ向けての社会参画】に対応している。単元は、第1時から5時までに世界全体のムスリムの生活文化に関わる問題の背景と解決策を理解し、第6時で生徒が普段生活する身近な地域における多文化共生策を提案するように構成している。

ESDに関連する視点として、単元全体の中で、環境の尊重、文化的多様性の尊重、経済的・社会的公正、人間の尊厳、将来世代への責任を位置づけ、多文化共生の価値観に迫るようになっている。

## 3. 授業実践の詳細

第3時《ムスリムの生活文化の受容を考える》の理解、態度・能力目標は次の通りである。

・ムスリムの生活文化を受容するためには、異文化理解を踏まえた上で文化的多様性を尊重することが大切であることをつかむ。

【理解】

・「女性は人前で肌を見せてはいけない」というイスラム慣習の受容について、形式的に振り分けた立場からその正当性を主張し、多様な視点から自己判断ができる。

【態度・能力】

導入では、サウジアラビアでの女性の外出の様子から「女性は人前で肌を見せてはいけない」を再確認し、受容（賛成）・非受容（反対）にクラスを二分した形式的立場からその正当性の根拠を主張することを意識する。

展開では、主張をキャプションとして短冊に表し（1人2枚）、同じ立場で似たような表現のものを束にまとめ、黒板上で種類ごとにグルーピングする（写真1）。このことで、各立場の主張が明確になり、背後にある価値観が意識しやすくなる。次に、各立場の代表者が発表する。受容側の文化的多様性の尊重の価値観と非受容側の男女平等の価値観の対立が明確になる。その後、形式的立場の見解を参考にして、自己の判断を行う。

終結では、イスラム慣習の受容の観点から、その方策を考察することで、経済的・社会的公正や文化的多様性の尊重の視点を意識する。

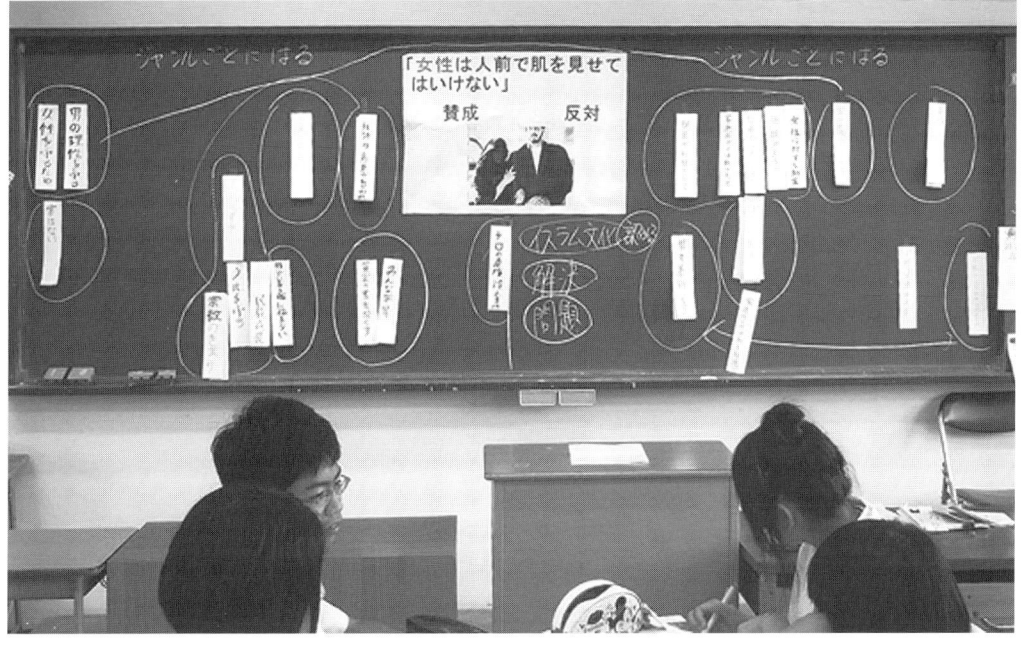

写真1　短冊によるキャプションの束のグルーピング
2010.年7月9日（金）三重大学附属中学校にて撮影。

表2 第3時《ムスリムの生活文化の受容を考える》の授業展開

| | 主な発問や指示 | 学習活動 | 知識・態度・能力《ESDの視点》 | 資 料 |
|---|---|---|---|---|
| 【問題の背景・要因を追究する】 | ○「女性は人前で肌を見せてはいけない」の慣習を形式的立場から調べてきましたね。 | ○受容と非受容の形式的立場からの正当性を主張することを意識する。 | ○自己判断とかかわりなくクラスを二分して形式的に割り振られた、受容（賛成）と非受容（反対）の立場から、その正当性を主張しようとする。 | 写：女性の外出 宿：ムスリムの慣習の形式的立場による正当性調査 |
| | ○賛成と反対の各立場の正当性を短冊にキャプションで示しましょう。 | ○受容と非受容の正当性の根拠をキャプションで表現する。 | ○各立場の正当性の根拠を端的に表現することで、社会的論争問題の背景となっている価値対立を意識する。 | 材：キャプション用短冊 |
| | ○同じような表現の人を探し、短冊を重ねて黒板に貼りましょう。 | ○同じ立場の同じ趣旨の短冊を束にまとめ、黒板に貼る。 | ○黒板の賛成と反対のエリアに各立場でまとめた短冊の束を、黒板上で種類ごとにグルーピングして表現する。 | 材：セロテープ |
| | ○賛成と反対の各立場にたつ正当性の根拠を、短冊の束の代表者が発表しましょう。 | 形式的立場：受容（賛成）《文化的多様性の尊重》 －女性保護 －信教の自由 －文化相対主義 etc. | 形式的立場：非受容（反対）《男女平等》 －女性差別 －文化の強制 －人権侵害 etc. | |
| | ○賛成と反対の各立場について、それぞれの見解が参考になりましたか。 | ○各立場のそれぞれで参考になる見解をワークシートに書く。 | ○参考とした見解からムスリムの文化を多様な視点からとらえ、自己の判断を行う。《文化的多様性の尊重》 | 作：ワークシート（参考となる見解） |
| | ○「女性は人前で肌を見せてはいけない」の慣習を受け入れるためにはどんなことが必要ですか。 | ○受容と非受容の形式的立場の見解を参考に、自分の考えをワークシートに書く。 | ○イスラム慣習をムスリムが守っていることについて、文化相対主義や文化の寛容の精神からとらえていく。《経済的・社会的公正》《文化的多様性の尊重》 | 作：ワークシート（イスラム慣習の受容方策） |

※ 主な発問や指示の項目の太字は先行実践から新しく付け加えた部分。
　資料の項目の写は写真、宿は宿題、材は材料、作は作業を示す。

第6時《地域におけるムスリムとの共生を考える》の理解、態度・能力目標は次の通りである。
・ムスリムとの学校生活において、文化的多様性の尊重、人間の尊重の視点からお互いの生活文化に配慮することの必要性をつかむ。　　　　　　　　　　　　【理解】
・地域の中でムスリムと共生していくために、どのような行動の変革が必要となるのかを意識できる。　　　　　　　【態度・能力】

導入では、地域でのムスリムとの共生を意識するために、ムスリムの生徒が転入するという場面設定において、生活文化にどのように対応していくのかをイメージする。

展開では、前時に文化摩擦を起こさないための望ましい解決策として、ムスリムと日本人がそれぞれの文化に対してお互いに配慮し合うことを確認したことを意識して考察していく。まず、ムスリムとその生活文化を尊重することを前提とし

表3 第6時《地域におけるムスリムとの共生を考える》の授業展開

| | 主な発問や指示 | 学習活動 | 知識・態度・能力《ESDの視点》 | 資料 |
|---|---|---|---|---|
| 【地域の将来像への提案】――より良い地域づくりへ向けての社会参画】 | ○ムスリムの生徒が転入してきたらどのような対応をとりますか。 | ○ムスリムの生活文化への対応をイメージする。 | ○服装、断食、礼拝などのイスラム慣習にどのように対応していくのかを考えようとする。《文化的多様性の尊重》 | |
| | ○**ムスリムの生徒に学校生活の規則で遵守してほしいこと**はどんなことですか。 | ○日本の学校生活の規則で遵守して欲しいことを考える。 | ○ムスリムの生活文化の中で、授業中の礼拝や男女別学などのイスラム慣習が主張されれば日本の学校生活に支障をきたす。 | 図：イスラム五行 |
| | ○**ムスリムの生徒に学校生活で配慮して欲しいこと**はどんなことですか。 | ○日本の学校生活の規則で配慮して欲しいことを考える。 | ○「女性は肌をみせてはいけない」に関連して、過度に顔や体を隠すことは日本の学校生活に支障をきたす。 | 図：ムスリムの女性衣装 |
| | ○**ムスリムの生徒に対して学校生活で配慮しなければならないこと**はどんなことですか。 | ○ムスリムとの学校生活で配慮しなければならないことを考える。 | ○食事は給食や特別活動などで日本の文化が適用されることが多く、特にムスリムへの禁食（豚）への配慮が必要である。《人間の尊厳》 | 作：ワークシート（禁食への配慮） |
| | ○カレーを事例にして、イスラムの食のきまりをみていきましょう。 | ○イスラムの禁食（豚）の決まりを確認する。 | ○ハラール（許可）には、豚肉を使用しないの他にも調理法など様々な決まりがある。 | 図：ハラールカレー 文：ハラール食の決まり |
| | ○**地域において、ムスリムの学校生活で生じた問題をどう思いますか。** | ○津市で発生した小学校の給食問題を考える。 | ○ムスリムへの特別食の提供を廃止することの是非を考える。《文化的多様性の尊重》《人間の尊厳》 | 文：津市の給食問題（豚肉未使用の特別食提供の廃止） |
| | ○地域でムスリムと仲良く生活していくために、これからどのような行動が必要ですか。 | ○ムスリムと地域で共生するための配慮を考える。 | ○持続可能な社会に向けて、多文化共生のために、文化的多様性の尊重や人間の尊重を基盤とした行動が必要である。《将来世代への責任》 | 作：ワークシート（多文化共生に向けた行動） |

※ 主な発問や指示の項目の太字は先行実践から新しく付け加えた部分。
資料の項目の図は図資料、作は作業、文は文書資料を示す。

て、ムスリムの友達に学校生活の決まりを遵守して欲しいこと、学校生活の中で配慮してほしいことを考える。次に、ワークシートにムスリムの生徒に対して配慮しなければならないことを記入する。学校の給食や学校行事における食事を事例として、その配慮を考える。また、身近な地域で生じている食事の文化摩擦の事例について、その対応の是非について判断する。

終結では、ワークシートに持続可能な社会の実現に向けて、ムスリムと地域の中で共生していくためにどのような行動が必要かを記入する。このことから生徒の行動の変革（社会参画）を促す。

## 4. 授業実践のふりかえり

　2010年に三重大学附属中学校第二学年Aクラスにおいて、イスラム教の特色とその背景（1h）、ムスリムの生活文化の特色とその背景／ムスリムとの文化摩擦とその背景（1h）、ムスリムの生活文化受容の是非を考える（1h）、ムスリムの生活文化受容の意思決定／地域におけるムスリムとの共生を考える（1h）の4時間の授業を行った（表1）。

　第3時の《ムスリムとの生活文化受容の是非を考える》（表1の第3時にあたる）では、生徒は形式的立場に分かれて主張し合った。受容側からは、文化的多様性の尊重から、女性を略奪から守る、文化の決まり、平等の精神や、地理的側面から、日焼け防止などの根拠が出された。非受容側からは、男女平等の価値観から、女性のファッションや個性の制限、女性差別や、機能的側面から、自由に動けない、暑いなどの根拠が出された。

　4時間の授業後に生徒に感想を書かせた。第3時にかかわり、「その国独自の文化はとても大切だと思った。他のいろいろな人の考え方がわかってよかった」「私たちはおかしいと思っていることも信者たちの考えでそれぞれ違っていることがわかった」などがあり、形式的立場の見解を参考に多様な視点から考察していることがわかる。

　4時間全体とかかわり、「イスラム教というだけで差別することなく、きちんとその文化を知ることがカギになると思います」「異文化は変だし絶対嫌だなあと思っていたけど、異文化は異文化でいいところがあるんだと思いました。大事なことは自国の文化も尊重して、他国の文化も尊重できることだと思いました」「日本からみたら変な文化だけど、しっかり受け入れて尊重しあわなければならない」などがあり、ムスリムの生活文化に対する考え方が変化しているのがわかる。

　4時間の先行実践では、異文化理解や文化的多様性を尊重する大切さや、異文化の受容を意識することができている。しかし、ムスリムとの多文化共生の価値観からの考察が不十分であった。世界や地域におけるムスリムとの多文化共生の視点を強化するために、先行実践の課題を改善し、社会参画過程を明確に位置づけたものが、表1で示した6時間の単元計画である。単に、異文化を尊重し、寛容の視点から受容していこうとするのではなく、多文化共生のためにはお互いの生活文化に対する配慮が必要であることを強調した単元構成となっている。

## 5. 読者へのメッセージ ―地理の有用性―

　生徒の行動の変革（社会参画）を促すためには、文化摩擦にかかわる問題の解決について、世界規模とともに身近な地域においても考察する必要がある。また、国際空港にムスリムの礼拝室が設置されたり、レストランではムスリムが食べてよい物を示すハラール（許可）シールがメニューに貼られるなど、多文化共生のための配慮がすでに始まっている事実を取り上げることが大切である。このように、多文化共生の価値観を踏まえた社会参画過程を位置づけることは、持続可能な社会の実現をめざすESDの趣旨と合致している。

　生徒が、地域という枠組みの中で、文化摩擦問題を発見し、その背景・要因を追究し、地域スケールに基づいて解決策を提案し、望ましい行動を意識することは、社会参画過程を導入した地理独自の探究のプロセスである。このようなプロセスを踏むことで、持続可能な社会の形成に向けた授業として、地理の有用性を発揮できる。

## 6. 教材開発のための文献リスト

片倉もとこ（2001）：『イスラームの日常世界』　岩波新書
小原友行編（2006）：『論争問題を取り上げた国際理解学習の開発』明治図書
塩尻和子監修・青柳かおる（2007）：『面白いほどよくわかるイスラーム』日本文芸社

資料　第6時ワークシート　　　　　　年　　組　　番　名前（　　　　　　　　　）

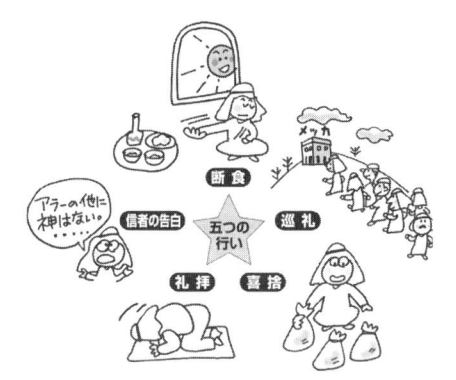

図　イスラム五行　　　　　　　図　ムスリムの女性衣装
※池上彰・増田ユリヤ『教えて！イスラム教・中東問題』汐文社, 2002, p.27(左)/30(右)

○　（ムスリム）　の生徒に学校生活で配慮しなければならないことはどんなことですか。

図　レストランのハラールマーク　　　　　　　　　文　ハラール食のきまり
スワンナプーム国際空港にて撮影。　　　　　　　　※Wikipedia「ハラール」より作成

餌：その家畜が食べた餌にハラームに違反するものが入っていてはならない。
屠畜：必ずムスリムが殺したもので無ければならず、鋭利なナイフで「アッラーの御名によって。アッラーは最も偉大なり」と唱えながら喉のあたりを横に切断。
解体処理：完全に血液が抜けて死んでから行う。血を食することは禁忌。完全に血を抜かなければならない。
輸送保管：保管場所や輸送する乗り物に豚が一緒になってはダメ。冷蔵庫からトラックまで全て別にする必要がある。野菜や穀物は肥料に豚の糞等使用禁忌。

○地域で　（ムスリム）　と生活するためにこれからどのような行動が必要ですか。

### Ⅲ　多文化・相互依存

# 3.2　持続可能なオーストラリアのあり方
## ― 多文化主義の視点を通して ―

池下　誠

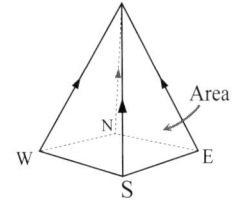

※ キーワード ※
国際化、白豪主義、多文化主義、新学習指導要領

## 1. オーストラリアの多文化主義政策を取り上げることの意義

　平成20年（2008）末のわが国の外国人登録者数は、2,217,426人と、過去最高を記録するなど、10年前に比べて46.6％も増加した。交通や通信の発達に伴い、ヒト、モノ、カネ、サービスなどが容易に国境を越えるようになり、国際化が急速に進展するようになってきた。企業も外国人労働者の採用を増やしたり、英語を社内公用語にしたり、海外に出店したりする事例が増えている。また、海外からの優秀な人材を呼び込むために、秋入学を検討する大学もみられるようになってきた。

　このように人々のグローバルな移動が活発化するのに伴い、多文化共生社会の形成は、全地球的な課題になってきた。そのため、地域や国内における他の民族の文化を尊重し、異なる文化からも学ぶ姿勢を持ち、それらを自国の文化と共生させる多文化主義教育を行うことが、政策レベルおよび自治体レベルでの課題となっている。

　もともと人口が少なかったオーストラリアでは、イギリスとの関係を重視したため、白人のみの移民を認める白豪主義政策を行ってきた。しかし、人種差別的な政策に対する内外からの批判や、距離的に遠いヨーロッパよりも近くのアジアやオセアニアとの結びつきが深まるにつれ、民族の多様性を認める多文化主義政策を行うようになってきた。

　オーストラリアを多文化主義の視点から取り上げることは、多様な人種がともに暮らす社会になりつつあるわが国の、これからの社会づくりを考える上で有効な学習指導になると考えた。

## 2. 年間指導計画におけるオセアニアの位置づけ

　平成20年（2008）に、中学校社会科地理的分野の新しい学習指導要領が告示された。これまで、日本も世界も2～3の都道府県や国家しか学習しなかったのが、日本も世界も諸地域学習を行うようになった。また、学習する地域は、身近な地域の調査に始まり、都道府県規模の調査、国家規模の調査と、地域のスケールが同心円的に拡大するカリキュラムになっていた。しかし、情報が発達した今日、生徒の知識や興味・関心が必ずしも同心円的に拡大するとは限らないことや国際化の観点などから、新学習指導要領では世界地理先習で日本地理を後にし、最後に身近な地域の調査を学習することになっている。

　また、新学習指導要領では、地域的特色だけでなく地域の課題をもとらえさせること、身近な地域の調査では、地域社会の形成に積極的に

参画していくことが求められている。すなわち、新学習指導要領では、世界や日本の地理的認識や課題意識、地理的な見方や考え方の基礎や技能などがスパイラルに高められるようになり、分野の最後の単元である身近な地域の調査では、自分が生活する地域をより良くするには、他の地域で学習したことを踏まえて、どう地域社会の形成に参画したらよいかを考えるカリキュラムになっている。

しかし、入学して間もない中学1年生にとっては、地理的な見方や考え方、地理的認識や技能はほとんど育っていない。そのため、世界の諸地域で学習する初期の段階における指導は、生徒がとらえやすい簡易な内容であることが望ましい。

新学習指導要領では、扱う州の順序は明記されていないものの、新学習指導要領にも、新しく発行されたどの会社の教科書にも、アジアが最初でオセアニアは最後に記述されている。そのため、まずはじめにアジアを学習する学校が多いことが予想される。しかし、面積が広く複雑で多様なアジアを世界の諸地域の最初に学習することは、生徒の発達段階を考えると、十分に理解させることは容易ではない。オセアニアの中心であるオーストラリアは、生徒の興味・関心も高い上、自然環境と人々の生活との関連を図りやすい。そのため、世界の諸地域の最初に学習する単元として、オーストラリアを中心としたオセアニアを取り上げることが相応しいと考えた（表1）。

表1　世界の様々な地域の指導計画

| | 大項目 | 中・小項目 | 配当時数 | 主な学習内容・活動 |
|---|---|---|---|---|
| 第一学年 60時間 | （1）世界の様々な地域 | ア　世界の地域構成 | 6 | ◎地球儀や世界地図を活用し、緯度・経度、大陸と海洋の分布、おもな国々の名称と位置、地域区分などを取り上げ、世界の地域構成を大観する。 |
| | | イ　世界各地の人々の生活と環境 | 7 | ◎世界各地に於ける人々の生活の様子と、その変容について、自然および社会的条件と関連づけて考察させ、世界の人々の生活や環境の多様性を理解する |
| | | ウ　世界の諸地域　※下記のように42時間を配当 | | ◎世界の諸地域について、以下の（ア）から（カ）の各州に暮らす人々の生活の様子を的確に把握できる地理的事象を取り上げ、それを基に主題を設けて、それぞれの州の地域的特色を理解する。 |
| | | （カ）オセアニア | 5 | ◎「移民」を主題に、地域的特色をとらえる。 |
| | | （イ）ヨーロッパ | 7 | ◎「EU統合」を主題に、地域的特色をとらえる |
| | | （エ）北アメリカ | 6 | ◎「農業」を主題に、地域的特色をとらえる。 |
| | | （オ）南アメリカ | 6 | ◎「熱帯林の伐採」を主題に、地域的特色をとらえる。 |
| | | （ウ）アフリカ | 5 | ◎「貧困」を主題に、地域的特色をとらえる。 |
| | | （ア）アジア | 11 | ◎「人口問題」を主題に、地域的特色をとらえる |
| | | エ　世界の様々な地域の調査 | 7 | ◎世界の諸地域に暮らす人々の生活の様子を的確に把握できる地理的事象を取り上げ、様々な地域または国の地域的特色をとらえる適切な主題を設けて追究し、世界の地理的認識を深めると共に世界の様々な地域または国の調査を行う際の視点や方法を身につける。 |

## 3. オーストラリア中心のオセアニアの授業

### (1) オーストラリアの多文化主義政策

　オーストラリアは、1770年にスコットランド人のジェームズ・クックがシドニーに上陸して以来、入植が始まった。1788年からは、イギリス人の移民が始まり、1828年にはオーストラリア全土がイギリスの植民地となった。オーストラリアへの移民が増え開拓が進められるにつれ、もともとオーストラリアで生活していたアボリジニと呼ばれる先住民の生活が脅かされるようになった。彼らが住んでいた土地が取り上げられ、反抗したアボリジニは殺害されるなど、1830年までには、純血のタスマニアの先住民は絶滅させられた。

　人口の少ないオーストラリアでは、積極的に移民政策を進めてきた。しかし、イギリス連邦に属していたこともあり、1901年からヨーロッパなどの白人を優遇し、その他の民族の移民を差別する白豪主義政策を行ってきた。しかし、地理的に遠いイギリスなどのヨーロッパよりも近隣にあるアジアとの関係が深くなるにつれ、1973年に白豪主義をやめ、様々な民族やその民族が持つ文化を尊重する多文化主義政策がとられるようになった。

### (2) 授業の実際

　1時間目は、オセアニアの位置や自然環境を学習させた。その中で、オーストラリアを代表する動物であるコアラとカンガルーの生息地と関連づけてオーストラリアの気候の特色をとらえさせた。カンガルーは乾燥地域に生息し、コアラが温帯地域に生息していること、オーストラリアの多くが乾燥帯で、北部が熱帯、南部と南東部が温帯であることを気づかせた。

　2時間目は、オーストラリアの農牧業を気候と関連づけてとらえさせた。羊は年降水量が250~500 mmの所に、牛は500~1000 mmの間に多く飼育されていること。小麦は温帯に、サトウキビは熱帯に、野菜や果物は都市近郊に多く栽培されていることに気づかせた。

　3時間目は、オーストラリアの移民政策をとらえさせた。オーストラリアには、もともとアボリジニが住んでいたが、オーストラリアへの移民が増えるにしたがって、アボリジニの定住する地域が内陸の狭い地域に追いやられた。また、オーストラリアへの移民は、当初はイギリス系が多かったのが、その後イギリスだけでなくヨーロッパ系の割合が増加したこと。1861年をピークにヨーロッパ系の移民が減少し、アジアやオセアニアの割合が増えたことをとらえさせた（表2）。さらに、なぜヨーロッパ系の移民が減少し、アジア系やオセアニア系の移民が増えたのかを、オーストラリアの貿易相手国の変化のグラフから考察させた（図1）。また、オーストラリアの多文化主義政策とはどのようなものなのかをとらえさせるとともに、このような政策を行うようになったことについてどう考えるかを記述させた。白豪主義とは、白人のみの移民を認め、その他の民族の移民

表2　オーストラリアの移民の推移

|  | イギリス系 | その他の ヨーロッパ | アジア系 | オセアニア | その他 |
| --- | --- | --- | --- | --- | --- |
| 1901年 | 79.2 | 7.2 | 4.7 | 3.0 | 5.9 |
| 1921年 | 80.2 | 6.0 | 3.1 | 4.6 | 6.1 |
| 1947年 | 72.7 | 11.4 | 2.6 | 5.9 | 7.4 |
| 1961年 | 42.5 | 42.6 | 3.8 | 3.0 | 8.1 |
| 1981年 | 37.7 | 32.8 | 10.5 | 6.8 | 12.2 |
| 2006年 | 23.5 | 22.9 | 28.2 | 11.1 | 14.3 |

オーストラリア政府資料より作成。

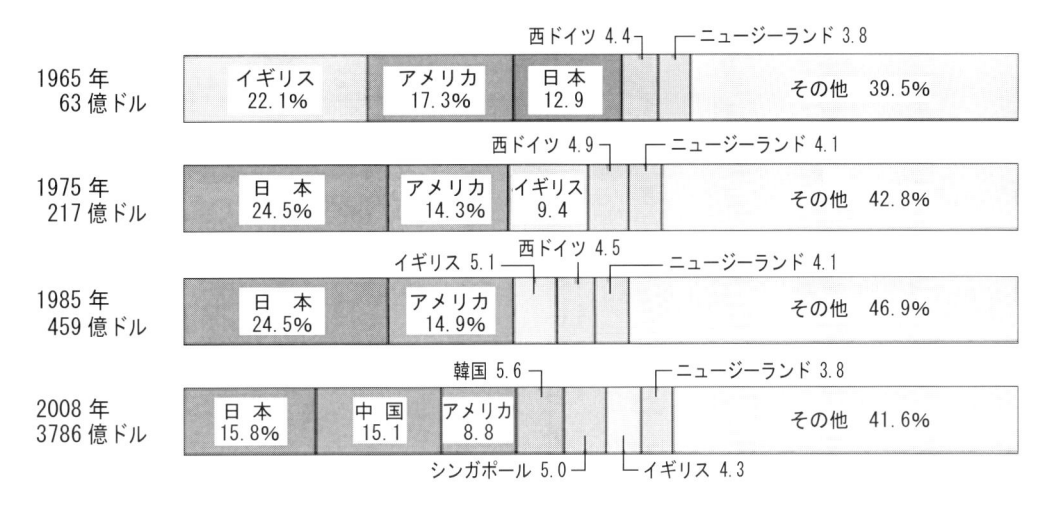

|  | | | | | | |
|---|---|---|---|---|---|---|
| 1965年 63億ドル | イギリス 22.1% | アメリカ 17.3% | 日本 12.9 | 西ドイツ 4.4 / ニュージーランド 3.8 | | その他 39.5% |
| 1975年 217億ドル | 日本 24.5% | アメリカ 14.3% | イギリス 9.4 | 西ドイツ 4.9 / ニュージーランド 4.1 | | その他 42.8% |
| 1985年 459億ドル | 日本 24.5% | アメリカ 14.9% | イギリス 5.1 西ドイツ 4.5 / ニュージーランド 4.1 | | | その他 46.9% |
| 2008年 3786億ドル | 日本 15.8% | 中国 15.1 | アメリカ 8.8 | 韓国 5.6 シンガポール 5.0 / イギリス 4.3 / ニュージーランド 3.8 | | その他 41.6% |

図1 オーストラリアの貿易相手国の変化
国連商品貿易統計データベース（UN comtrade）2009より

を認めないこと。また、白豪主義をやめて先住民であるアボリジニの人権を尊重するようになったことや、様々な民族やそれぞれの民族が持つ文化を尊重する多文化主義を取り入れるようになったことを理解させた。

多文化主義を学習することは、オーストラリアへの理解を深めるだけでなく、日本にもアイヌ民族などの先住民族がいること、在日韓国・朝鮮人がいることや、生活の中に外国人が増えてきたことなどに気づかせ、生徒自身が自分の地域や生活を見直すきっかけにもなると考えた。授業後の生徒の感想を読むと、「人種差別的な白豪主義をやめて、多くの民族を受け入れる多文化主義を実施するようになってよかった」とか、「白人を優遇する政策をやめて、先住民であるアボリジニの人権を尊重するようになったことは、いいことだと思った」など、オーストラリアが白豪主義から多文化主義に政策を転換させたことに対して、共感的な理解を示した生徒がほとんどだった。

残念ながら、自分自身が生活する身近な地域のことや日本のことにまで言及している生徒は、みられなかった。

本単元が、世界の諸地域の最初の単元であったため、生徒が自国内における民族問題まで考えることは難しかったと考える。しかし、新学習指導要領では、世界の諸地域を中1で学習し、中2で日本の諸地域を学習することになる。日本の様々な地域の最後に位置づけられている身近な地域の調査は、中2の後半に学習することになる。そのため、自分の生活とは遠い世界で起きていることを理解させた上で、日本の諸地域や身近な地域の調査を学習することになる。したがって、このような問題を自分の国や身近な地域の問題と関連づけてとらえさせることは可能であり、そういった点にまで踏み込んだ指導を行うことが、多様な価値観を持った人々が増加してきたわが国の社会づくりを考えさせる上では、有効な学習指導になると考える。

(3) 多文化主義政策の問題

オーストラリアでは、1973年に多文化主義が導入されてから、アジア系の移民が大幅に増える

（66ページへつづく）

# 15. オーストラリアの移民政策

1年（ ）組（ ）番（　　　　　）

ねらい：①オーストラリアの移民政策の推移をとらえよう。
　　　　②オーストラリアの多文化主義について考えよう。

1. 地図帳のP.129〜133の統計資料をみてオーストラリアの人口密度を書きましょう。

　　　　　人/km²

2. オーストラリアの人口密度は、他の国と比べてどうですか。

3. 右の写真は、オーストラリアのホームステイの受け入れのものです。ホームステイ先の人々は、どのような人が多いですか。右の写真をみて、自分の言葉で説明しよう。

4. 下はイギリスの国旗です。オーストラリアの国旗は、なぜイギリスの国旗と似ているのでしょうか。

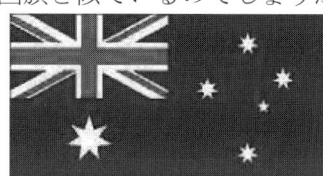

イギリス　　　オーストラリア

## 1. オーストラリアの移民政策

1. 下の地図はアボリジニ（もともとオーストラリアに住んでいた人）の定住域の変化を示しています。アボリジニの定住域はどのように変化したか、簡単に説明しましょう。

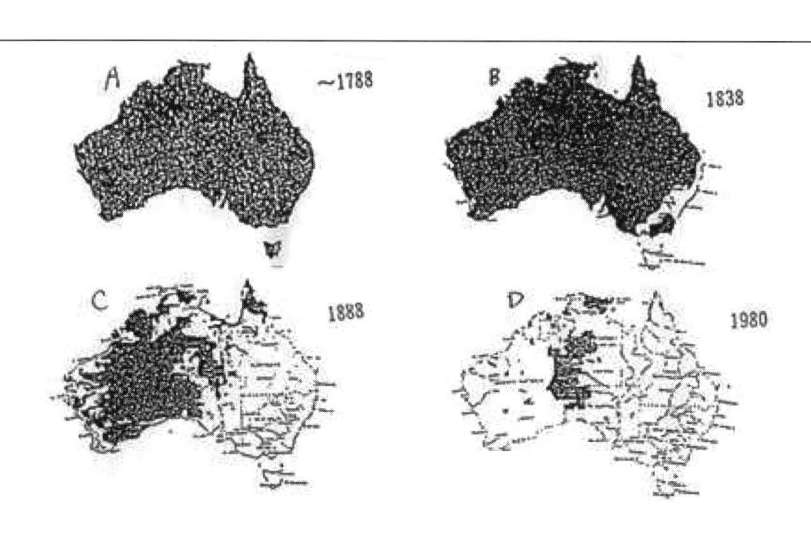

A　〜1788
B　1838
C　1888
D　1980

2．オーストラリアでは、どうしてアボリジニの定住域が上記1のようになってしまったのか、右の地図をみて、理由を説明しましょう。

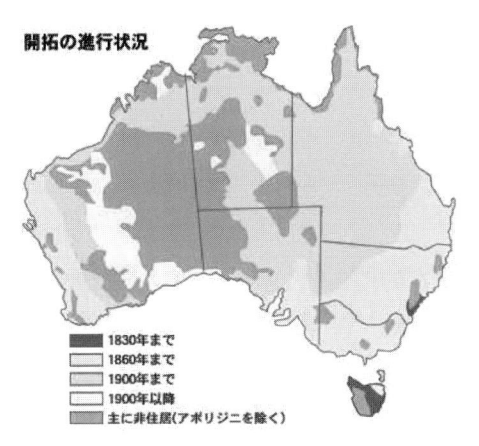

開拓の進行状況

1830年まで
1860年まで
1900年まで
1900年以降
主に非住居(アボリジニを除く)

3．オーストラリアの移民がどのように変化しているか、下の図をみて簡単に説明しよう。

| | イギリス系 | その他のヨーロッパ | アジア系 | オセアニア | その他 |
|---|---|---|---|---|---|
| 1901年 | 79.2 | 7.2 | 4.7 | 3.0 | 5.9 |
| 1921年 | 80.2 | 6.0 | 3.1 | 4.6 | 6.1 |
| 1947年 | 72.7 | 11.4 | 2.6 | 5.9 | 7.4 |
| 1961年 | 42.5 | 42.6 | 3.8 | 3.0 | 8.1 |
| 1981年 | 37.7 | 32.8 | 10.5 | 6.8 | 12.2 |
| 2006年 | 23.5 | 22.9 | 28.2 | 11.1 | 14.3 |

4．どうして、上記3のような変化がみられるようになったのか、簡単に説明しましょう。

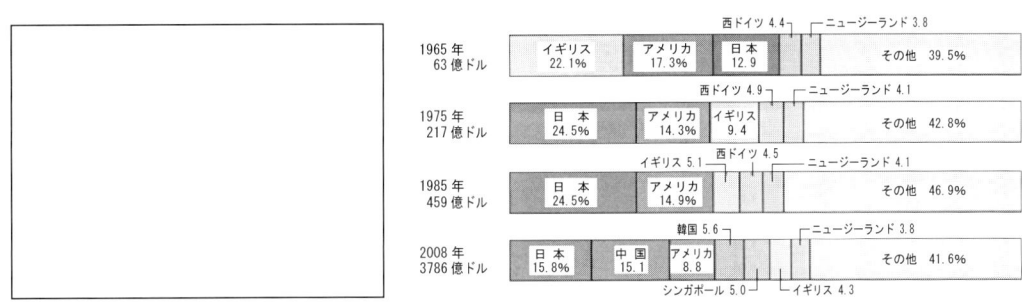

1965年 63億ドル　イギリス 22.1%　アメリカ 17.3%　日本 12.9　西ドイツ 4.4　ニュージーランド 3.8　その他 39.5%

1975年 217億ドル　日本 24.5%　アメリカ 14.3%　イギリス 9.4　西ドイツ 4.9　ニュージーランド 4.1　その他 42.8%

1985年 459億ドル　日本 24.5%　アメリカ 14.9%　イギリス 5.1　西ドイツ 4.5　ニュージーランド 4.1　その他 46.9%

2008年 3786億ドル　日本 15.8%　中国 15.1　アメリカ 8.8　シンガポール 5.0　韓国 5.6　イギリス 4.3　ニュージーランド 3.8　その他 41.6%

5．オーストラリアの多文化主義政策についてどう考えるか、あなたの考えを書きましょう。

| | 感想 |
|---|---|
| ・ワークシートに主体的に取り組むこ・きたか。　　　（A　B　C　D）　　・オーストラリアの移民政策の推移を　とらえることができたか。　　　　　　　　　　（A　B　C　D）　　・オーストラリアの多文化主義について考えることができたか。　　　　　　　　　　　（A　B　C　D） | |

（63ページからつづく）

など、オーストラリア国民の出生国別構成は、過去30年間で大きく変化した。近年、スーダンや南アフリカ共和国などのアフリカ大陸からの移住者も増加し、オーストラリア社会における民族文化の多様性はさらに進展している。

　しかし、多様な民族の価値観を認めると、伝統的な価値観との対立が起こることが少なくない。異なる価値観を持った民族が入ってくると、伝統的な価値観を持った人々の権利が奪われることになり、右傾化したり、排他的な思想が台頭したりする傾向がある。オーストラリアにおいても、2005年に中東系の通行人が襲われる暴動事件（クロヌラビーチの暴動）が発生している。

## 4. 読者へのメッセージ

　交通や情報が発達するにつれて、ヒト・モノ・サービス・カネなどが国境を越えて行き来する時代になってきた。周囲を海に囲まれ他国と国境を接していない日本においても、多様な価値観をもった人々と交流することが、あたりまえの社会になってきた。そのためオーストラリアの多文化主義を学習することは、様々な価値観を持った人々と、私たち自身がどう接していくのかを考えるきっかけづくりにもなるといえる。したがって、この問題をオーストラリアの問題として終わらせてしまうのではなく、生徒の身近な問題や日本の問題でもあることに気づかせることが大切である。

　なお、豪日交流基金のサイト『オーストラリア発見』（http://discover.australia.or.jp/）にはオーストラリアに関する様々な情報が満載されており、この国を多面的にとらえていくのに有益である。興味を持った方は一度閲覧してみることをお勧めする。

## 5. 教材開発のための文献リスト

吉村憲二（2006）：オーストラリア「多文化主義」．地理教育研究会編『授業のための世界地理　第4版』古今書院，pp.276~279

吉田道代（2007）：オーストラリアの多文化主義と移民問題．漆原和子・藤塚吉浩・松山洋・大西宏治編『図説　世界の地域問題』ナカニシヤ出版，pp.32~33

池下　誠（2011）：ESDの趣旨を踏まえた中学校社会科地理的分野の授業実践―批判的思考のプロセスを経ることを通して―．地理科学，66，pp.133~140

【ワークシート掲載資料の出典】

AUSLIG & Johnson K（1992）『The Ausmap Atlas of Australia』Cambridge University Press: Melbourne.

帝国書院資料編集部（2010）『中学校スタンダード地理資料・ワーク』帝国書院

豪日交流基金のサイト『オーストラリア発見』http://discover.australia.or.jp/

Ⅲ　多文化・相互依存

# 3.3　モノの移動と世界の相互依存性
## ─ モノの相互依存から人々の相互理解・支援交流へ ─

宇土　泰寛

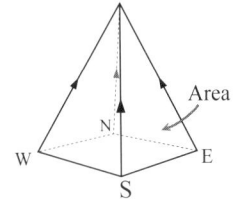

❊ キーワード ❊
**有限性、相互依存性、移動性、持続性**

## 1. モノの移動を地理授業で取り上げることの意義

　複雑化した現代社会を生きる人間にとって、社会的な見方や考え方を成長させることは極めて大事なことである。中でも、地球規模でのグローバルな視点と地域のローカルな視点は相互に関わり、複眼的な視点や見方ができるような市民の育成が求められているのである。このグローバルスケールとローカルスケールに依拠しながら、複眼的な視点で、自然事象や社会的事象の相互依存関係をみることは地理の授業においてこそ基礎から認識できる学習課題である。

　さらに、このグローバルとローカルの基盤となる地球自体の認識もしっかりと持つべきである。特に、グローバル化と多文化化が並行して進む地球時代の地理教育においては、地球意識や地球イメージの形成が、持続可能な社会への担い手育成を目指す上でも重大な意味を持つ。

　そこで、これからの21世紀の地球や地域で起こる様々な事象をみていくときのキーワードを以下に示す。

・有限性：地球の有限性
・相互依存性：地球と地域の相互依存性
・移動性：地球規模での移動性
・持続性：地球と地域の持続性

　地理教育においては、グローバルとローカルの2つのスケールにおいて、各々、有限性・相互依存性・移動性・持続性は扱われていたが、これらの相互関係的、システム的な認識が生み出されるような授業づくりは十分ではなかったといえる。

　そこで、有限性の象徴としての「宇宙船地球号」、相互依存性の体験的な理解としての「グロービンゴ」、移動性の具体化としての「モノの移動」、そして、持続性を考えるシミュレーションなどを提示しながら、授業づくりを考えていきたい。

### （1）地球意識の形成と地球の有限性

　地球は、近年まで、人間にとっては途方もなく広く、地球を一体として認識することはなく、無限の開拓の可能性があり、資源の取得も、廃棄物の処理も限りなくできるとずっと考えられてきた。しかし、交通機関の発達、宇宙からの地球の映像、多様な人々による国際交流、国境を越えた地球環境問題、核戦争への危機や原子力発電所による国を越えた放射能汚染などによって、国家意識を越えた地球意識が徐々に形成されてきた。そして、今や地球の限界に気づき、もはや地球の危機を人類は認識するようになった。この象徴的な言葉が、「宇宙船地球号（Spaceship Earth）」である。

　「宇宙船地球号」の概念は、21世紀の地球時代

を生きる人類にとっての地球観・世界観を表す象徴的な概念であり、地球を一つの宇宙船としてみなし、地球上で生きる私たちは、この同じ宇宙船の乗組員であるという意味である。

この概念は、1960年代から70年代にかけての時代背景と関わりながら、経済学者のケネス・E・ボールディングや建築家であり思想家のバックミンスター・フラーらによって創られ広がった。

ボールディングは、「カウボーイ経済」から「宇宙飛行士経済」への転換を提起し、「人間がこの地上に出現して以来、辺境のようなものが存在し、人々が居住していた場所が悪化した場合、別の場所に移動することができた。しかし、材料を好きなだけ取ってきたり、好きなだけ捨てたりできるような無限の貯蔵所がある開かれた地球から、貯蔵所を持たない一つの宇宙船としての閉じた地球への移行が必要」と述べた。また、バックミンスター・フラーは、化石燃料や原子力エネルギーに依存することへの警告とエネルギー供給母船「太陽号」などのクリーンエネルギーへの移行を提示した。さらに、1965年世界で初めて宇宙遊泳に成功したソビエト連邦の宇宙飛行士アレクセイ・A・レオーノフも、「地球は、全人類が乗組員になっている宇宙船」だと語るなど、地球意識の形成がなされてきたのである。

### (2) 地球と地域の相互依存性と地球規模での移動性

私たちのまわりの商店に様々なものが並び、デパートやスーパーの品揃えも、世界各地から取り寄せたモノで埋まり、日本の店にいながら、世界を巡っているような気がする。このように、私たちの日常生活での営みのあらゆる分野に、国を越えたモノ・情報・カネ、そして、ヒトの関わりがみられるようになった。この社会的変化こそ、「グローバル化」の現れともいえる。

グローバル化とは、国と国の関係を前提とした「国際化」と異なり、これまでの国境を越えて、地球規模で複数の社会同士の結びつきが強くなることに伴う社会の変化やその過程を意味する。

そこでは、モノ・カネ・情報の国境を越えた移動と相互依存性の増大が日常化している。このグローバル化の波は、経済や金融関係、情報関係だけではなく、政治や社会のあり方、人々の生き方、若者文化、そして環境問題や教育問題にまで、大きく影響している。さらに、人も国境を越え、移動し合い、一つの地域や都市に、多くの世界の人々が共に暮らすようになってきている。まさにグローバル化と多文化化が、並行して進んできているのである。

このような社会認識は、現代を生き、未来を生きる人々には、極めて重要な認識であり、地理教育においてはとくに必要な認識となる。

### (3) 地球と地域の持続性

地球規模での相互依存性が、私たちの日常生活を支えているにもかかわらず、そのモノの背景にある現地の人々の生活や関わりはみえてこないことが多い。そのために、できるだけ安く買おうなど、自らの論理だけで行動することになる。その結果、現地の人々に多大な影響を及ぼすことになることもわからない。つまり、私たちの消費行動が、現地の人々の生活や地域が持続不可能になるような事態を引き起こす可能性があるのである。

また、モノの移動自体が消滅することもある。そこには、様々な原因がある。紛争、環境破壊、風評被害、さらには、運輸手段の問題など、モノの移動の消滅は、地球と世界各地の地域の持続的発展と深く関わる問題である。

一方、地球温暖化の問題など、先進国の経済活動が地球規模での温暖化を推し進め、開発途上国の砂漠化の問題などへとつながったりすることもある。そして、地球自体の持続性が問われることにもなる。ここでは、自らの行為が相互に及ぼすことへの想像力、そして、異文化理解、相互理解の大切さが浮かび上がってくるのである。

## 表1　高校地理A 授業実践プラン

「モノの移動と世界の相互依存性―モノの相互依存から人々の相互理解・支援交流へ―」（全10時間）

【実践のねらい】
(1) 現代世界の地理的諸課題の根底にある地球意識としての「宇宙船地球号」へ共感し、地球の有限性を人類のたどった歴史的地理的背景も踏まえて、理解する。
(2) グローバル化の進展は、世界の相互依存性が身近な日常生活圏まで及んでおり、その相互依存性を教室の中や商店における世界とのつながりとして体験的活動の中で実感し、理解する。体験的活動の中で、学習者同士の出会いも図る。
(3) 世界のつながりをより密にする世界の実態の基盤は、移動性にあり、生産地から消費地までのモノの移動を旅にたとえて理解する。モノごとにチームを作り、協同的に学び合いながら、絵やロールプレイ、紙芝居など、様々なプレゼンテーションのスキルを使って発表する。
(4) モノの移動ができなくなるケースでの原因を協同的に学び合いながら探究し、持続可能な開発の在り方への興味関心を高める。2つの国に分かれて、ディスカッションし、持続するには対立ではなく共生する価値の重要性を体験的に理解し、実践しようとする意欲化を図る。
(5) 地域と地球が持続発展できるために、日本に住む私たち自身ができることを考え、実行力があり、活動的な市民性（アクティブシティズンシップ）をめざそうとする態度形成を図る。
(6) 協同的な学び合いと探究的な学習活動を通して思考力・判断力・表現力などの言語能力や地理的スキルを身につける。

【単元構成】

| 学習単元 | 学習内容 | 学習方法（形態） |
|---|---|---|
| 1. 宇宙船地球号との出会い 〜地球の有限性〜 (2時間扱い) | ・宇宙空間に浮かぶ青い地球 ・銀河系、太陽系の中の惑星 | 映像視聴、地球儀 自分を振り返り、感想を語り合う |
|  | ・地球の有限性の理解 ・人類と地球の歴史的背景 | BHN（ベーシックヒューマンニーズ）の発見 様々な世界地図、図表 |
| 2. つながり合った世界との出会い 〜世界の相互依存性〜 (2時間扱い) | ・教室の中のつながり合った世界 ・学習者同士のつながり合い | アクティビティ「グロービンゴ」 |
|  | ・世界とつながる商店 スーパー、コンビニ、デパートなど | 調査（個別） |
| 3. モノ旅 〜モノの移動性〜 (2時間扱い) | ・モノの移動を旅にたとえて 生産地から消費地まで | アクティビティ「モノ旅 探し」 仲間探し（チームづくり） |
|  | ・モノ旅物語の発表 ・学習同士のつながり合い | プレゼン（チーム） 口頭、絵、紙芝居、役割演技など |
| 4. 消えたモノ旅 消えたモノ旅の原因 〜モノの移動の持続性〜 (2時間扱い) | ・移動ができなくなるケース ケースの発表 | 調査（チーム） コンセプトマッピング（概念地図） |
|  | ・モノの移動ができなくなるケース ・モノがなくなるケース | ディスカッション（全体） 二つの国に分かれて、対立と共存 |
| 5. わたしたちにできること 〜地域と地球の持続的な発展に向けて〜 (2時間扱い) | ・チョコレートの旅 西アフリカからのメッセージ | 調査（チーム） |
|  | ・日本から西アフリカへの旅 自分たちの机と椅子を贈ろう | シミュレーション（チーム） 地図、船のルート、時刻表調べ |

以上の点を踏まえ、本稿では、学習者が、地球の一体的な認識を「宇宙船地球号」として持ち、モノの移動を通して、地球と地域の相互依存性、移動性を体験的に理解し、地球と地域の持続的な発展を自ら考える探究的な学習過程によって、参画しようとする態度形成を目指す「モノの移動と世界の相互依存性―モノの相互依存から人々の相互理解・支援交流へ―」の実践報告を行う。

## 2. 授業のねらいと単元構成

　本実践のねらいと単元構成は表1に示す通りである。この学習を通して、持続可能な社会を担う市民としての主体的な社会への参画力の育成を意図しているので、学習方法自体にも様々な工夫を試み、アクティビティやロールプレイ、プレゼンテーション、ディスカッション、映像視聴、地域の調査などを取り入れて授業づくりを行った。

　これらの授業づくりの背景には、現在の世界的な教育改革の動向とも関連し、活動的な市民性（Active Citizenship）の育成が求められ、日本でも「生きる力」が求められている。そこで、一斉授業や講義形式など学習者が受動的に聞く従来の方法自体を見直し、協同的な学び合いを基盤に、学びのコミュニティの創出を図る授業づくりを取り入れている。

　さらに、学習者の態度形成の基盤となる情意・認知・価値・技能の4つの側面を十分に活用し、情意的側面での出会い、認知的側面での出会いと探究、価値的側面での自文化中心主義（エスノセントリズム）からの脱却、多文化主義の受容、技能的側面での対人スキル・探究スキル・プレゼンテーションスキルなどを育成するしかけも組み入れられている。

## 3. 授業実践の詳細

　「モノの移動と世界の相互依存性」の授業実践（表2）は、学習内容として、地球の有限性、世界の相互依存性、地球規模の移動性、地球と地域の持続性を配列し、地球という全体性から入った。学習方法は、学び合いを基盤に据え、学習者は、学習内容と出会うだけではなく、学習者同士と、さらに、学習者自身と出会うという視点から、共生原理によるアクティビティを多用した。学習の場が内容を深めるだけではなく、学習者同士がつながり合って、自己を問い直し、地域と地球の複眼的な視点から、洞察できるようになると考えた。そして、社会的想像力によって、現地の人々の生活や生き方を知り、自らの生き方を問い直すのである。

　第1単元「宇宙船地球号との出会い」で、本当に美しい自らの惑星を再認識し、その地球は有限であり、危機が迫っていることを認識することは、学びへの参加を促すことになった。

　第2単元の自分に最も身近で、世界と関係ないと思っていた教室が、大陸を越えてつながっていることを知り、さらに、街に出てスーパーに並んでいる商品をみると、食料から衣服まで、もはや世界とつながり合うグローバル社会を体験的に認識せざるをえなくなったのである。そして、資料1の「グロービンゴ」は、教室で孤立していた外国から来た生徒を日本の生徒たちとつなげていった。「外国に住んだ人」「外国に親戚の人が住んでいるか」という問いは、外国から来た子だからこそ答えられる。一人の日本の生徒が発見し、後は行列ができた。共生のアクティビティは人と人をつなげ、教室の雰囲気も変えたのである。

　第3単元のモノ旅が大単元の中心である。学級の生徒が一人ひとりカードを引き、同じモノを持っている生徒を探し、4人のチームをつくる。出会った4人は、一人ひとりにしかない情報、つまり専門家の話を聞き、そのモノが、現地から日本まで来る旅を順番に並べる。そして、様々な方法で、みんなの前でそのモノの旅を発表した。

（74ページにつづく）

3.3 モノの移動と世界の相互依存性　71

表2　授業実践の概要

| 学習単元 | 学習活動 | 指導上の留意点 |
|---|---|---|
| 1. 宇宙船地球号との出会い〜地球の有限性〜（2時間扱い） | (1) 宇宙空間に浮かぶ地球の全体映像　宇宙飛行士の体験談を聞き、内省する。<br>(2) BHNと自分の欲しいもの　宇宙飛行士になったつもりで、何を持っていきますか。私たちにとって本当に必要なものとは何か考える。<br>(3) 地球は有限、宇宙船地球号である。 | BHNとは、Basic Human Needsの略で、人間として最低必要な、教育・医療・水の保障・命の安全などを表す。<br>　人類と地球の歴史的背景<br>地球の有限性は、人類の誕生から地球への拡散、大航海時代と新大陸、世界一周など、世界史の学習と関連づけるとよい。 |
| 2. つながり合った世界との出会い〜世界の相互依存性〜（2時間扱い） | (1) グロービンゴ　何もないと思っていた教室空間が世界とたくさんの線でつながった。<br>(2) 商店へのフィールドワーク　商品がどこの国から来ているか調べる。 | 表3「グロービンゴ」の後、黒板に世界地図を描き、国名を言ってもらい、日本と線で結ぶとつながりが視覚化され、実感できる。振り返りで、世界とのつながりと同時に仲間とのつながりにも注目する。 |
| 3. モノ旅〜モノの移動性〜（2時間扱い） | (1) 専門家　一人ひとりが持った専門家のモノカードを、誰にも見せないで読み、理解する。<br>(2) 旅探し　4人ずつ揃ったら、カードを一人ひとりが読み、他の人はしっかりと理解しながら聞く。全員読み終わったら、みんなで、モノの旅の順番を考えカードを並べる。<br>(3) モノの旅物語の発表　カードの説明を元にしながら、自分たちで、モノの旅物語をつくり、発表する。発表形式は、時間と生徒の発表力に合わせて、口頭、絵、紙芝居、ロールプレイなどを用いる。<br>(4) 振り返り | 表4のカード事例のように、モノカード（4枚一組）10セット（人数によってモノの数を調整）、カードの表はモノの名前と絵、カードの裏は、モノの旅を4枚のカードに分けて記載しておく。<br>　カードの内容は、1枚1枚違うのでそれをもらった学習者各々が専門家となり、すべての学習者を尊重しないと情報不足になるしかけがなされている。<br>　アクティビティの後は必ず振り返りを行う。現地の労働者や子どもたちの実態に出会い、自分たちとのつながりを実感し、自らの生き方を問い直すようになる。<br>　フェアトレードについて、触れるのはとても良いので、取り上げたい。 |
| 4. 消えたモノ旅〜モノの移動の持続性〜（2時間扱い） | (1) 消えたモノ旅の原因を探ろう　国同士の対立、内戦でつくる人がいなくなる、気候変動で作物ができなくなる運輸手段が危険にさらされるなど。 | モノ旅の消滅を議論しまとめるためのスキルとして、ブレーンストーミングやランキングとコンセプトマッピングを習得しておくとよい。 |
| 5. わたしたちにできること〜地域と地球の持続的な発展にむけて〜（2時間扱い） | (1) チョコレートの旅　西アフリカのコートジボワール、ガーナで取れたカカオが日本に来て、チョコレートになるまでの旅を探ろう。<br>(2) 日本から西アフリカへの旅　船のルートは、名古屋・東京・香港・シンガポール・インド洋・(海賊)・スエズ運河・地中海・モロッコ・ガーナからトラックでブルキナファソへ到着。<br>(3) 私たちにできることを考えよう。 | バレンタインデーには必ず登場するチョコレート、その裏には、西アフリカの国々の児童労働もある。カカオが何になるかも知らないで働かされる子どもたちの存在を知ろう。<br>　名古屋の椙山女学園大学附属小学校は、実際にブルキナファソ国へ机と椅子を商船三井等の無償協力を得て贈った。世界地図で、ルートを追い、経由地の国調べをし、発表しよう。 |

# グロービンゴ

名前＿＿＿＿＿＿＿＿＿＿

やり方
- ていねいに質問して「はい」と答える人がいたら、その人の名前を書いてもらいます。同じ人を書いてはいけません。
- 関係している国名も聞いて書いてください。わからないときは、／線を引きます。
- 縦、横、斜めに名前が並んだら、「グロービンゴ」と言ってください。

| 11 外国のスポーツ選手を知っていますか | 12 外国産のくだものを最近食べましたか | 13 外国にいる人と電話で話したことがありますか | 14 外国の人に道を教えたことがありますか |
|---|---|---|---|
| 名前 | 名前 | 名前 | 名前 |
| 国名 | 国名 | 国名 | 国名 |
| 21 テレビで世界の出来事をこの一週間内に見ましたか | 22 外国に行ったり、住んだりしたことがありますか | 23 外国のことばであいさつができますか | 24 外国製のものを何か持っていますか |
| 名前 | 名前 | 名前 | 名前 |
| 国名 | 国名 | 国名 | 国名 |
| 31 外国の言葉を学習していますか | 32 外国に親せきの人が住んでいますか | 33 外国製の服などを身につけていますか | 34 外国の人が書いた本を読んだことがありますか |
| 名前 | 名前 | 名前 | 名前 |
| 国名 | 国名 | 国名 | 国名 |
| 41 外国にいる人とメールのやりとりをしたことがありますか | 42 外国の人のCDやDVDを持っていますか | 43 新聞で外国の記事を最近読みましたか | 44 ジャンボジェットを開発した国を知っていますか |
| 名前 | 名前 | 名前 | 名前 |
| 国名 | 国名 | 国名 | 国名 |

資料2

## モノ旅用カードの事例　　カップ麺の旅

<カップ麺の歴史>
　世界初のインスタント麺は、日清食品の創業者安藤百福氏が発明した1958年（昭和33）発売のチキンラーメン。お湯をかけて2分で食べられる「魔法のラーメン」として、爆発的に売れた。その後、カップヌードルが、1971年（昭和46）に誕生した。これが、世界で初めてのカップ麺である。カップヌードルが販売されている国は、80カ国以上と世界中に広がり、今では、インスタント麺は500億食も生産されている。

---

（　　）カップ麺の主原料は小麦
アメリカの小麦農場　→　サイロ　→　輸送船　→　日本の港
　アメリカ中西部やカナダ南部の大規模農場で、大型機械を使い、化学肥料や農薬を使って小麦は栽培される。農家が栽培した小麦を商社が買い取って、サイロに保管し、相場を見ながら、日本に船で輸送する。その間、腐敗や虫の害を防ぐために農薬を添加する。
小麦粉：北米、オーストラリア

---

（　　）かやく（具材）は、世界各地から調達　　エビはインド洋
エビ　インド洋産の小エビ　世界中の60種類以上のエビの中から選ばれた。その理由は、ゆでるときれいな赤色になる。インドの東海岸と西海岸で漁期が違うために通年確保可能。
捕れたエビは、現地の食品加工工場で、水洗い→除頭→殻取り→背わた取り→サイズ分け→ゆでる→フリーズドライされ、日本に船で運ばれる。
エビの大きさは、この過程で、5分の1くらいになる。
エビの5倍の魚が無駄に！　エビ漁は、トロール船
豚肉：国内と北米、卵：北米と国内、ネギ：中国

---

（　　）カップ麺の製造工程
カップ　発泡ポリスチレン容器　耐熱性、断熱性が高く、手に持っても熱くない。
製粉　　日本に到着した小麦→製粉メーカーで粉砕され、表皮などを取り除く　餌になる
①生地づくり（小麦粉に練り水を混ぜて練る。）
②製麺（生地を圧延ロールにかけ、厚さ1mmまで伸ばし、切出し機で細かく切る。同時に、ウェーブをスープがのりやすいようにかける）
③蒸す（胃が消化しやすいように、麺の中のでんぷんを蒸し、糊のようにする。）
④フライ（枠に入った麺を140~150度の油で約2分間揚げる。）
⑤充てん（カップの中にスープとかやくを入れる。）
⑥包装（自動的にふたをして密閉し、カップ全体を透明フィルムでおおう。）

---

（　　）出荷・販売
できあがったカップ麺は、問屋を通じて、スーパーやコンビニに納品される。
☆フライ油のもと
健康意識の高まりによって、動物性油から植物性油への転換　→　パーム油の需要急増
パーム油（マレーシアとインドネシア）　アブラヤシのプランテーション
　→　熱帯林破壊（マレーシアだけでも、四国の2倍　3万5000㎞²）
　　　低賃金のため家族総出で働かなければならない。子どもも働く。
　　　多くの国で禁止されている農薬を使用　健康被害

参考：どこからどこへ研究会（2003）:『地球買いモノ白書』コモンズ、pp.25~32.

（70ページからつづく）

教師がカードを作成しておくと、調べる時間の節約ができ、従来の調べ学習より少ない時間で体験的な授業ができる。授業では、カップ麺・輪ゴム・雑誌・マグロ・チキン・缶コーヒー・スポーツシューズ・ケータイ・ダイヤの専門家カードをつくり、用意した。この専門家制により、一人ひとりを大事に尊重し合うようにした授業である（資料2）。

第4単元の消えたモノ旅は、ニュースで日々報道される世界の現実と向き合うことになった。国家間の対立や風評被害、温暖化による作物の不作、災害による工場の閉鎖など至る所で起こっている。生徒たちの国家間の対立から輸出禁止などの議論は、現実に起こっていることである。何が世界には求められるのかを考える機会になった。

第5単元は、持続可能な社会のあり方を身近なチョコレートで探求し、自らが実際に行うようなシミュレーションの中で、船会社と交渉し、トラック輸送の依頼をアフリカの運輸会社にし、関税やコンテナの手配など様々な人々の関わりがあって、初めてつながり、実現するということを実際に行った学校の事例をもとに考えた。

## 4. 授業実践をふりかえって

地理や社会科を暗記科目という生徒・学生が多かったが、アクティビティを入れ協同的な学び合いを中心に行った今回の授業で、社会科や地理への認識が変わったという評価がたいへん多かった。また、授業が進むごとに、仲間意識が強くなり、チームで自主的に学び合う姿がみられた。

## 5. 読者へのメッセージ

ESDの視点を持った地理の授業は、他教科や諸活動につながり、基本的事項を応用的なテーマの中で直に学べるので、学習者にも意義がある。さらに教育は大きな変革期にあるので、教師にも、研究実践し、チャレンジする意義があるといえる。

この「モノの移動と世界の相互依存性」の実践は、高校地理Aを想定したものであるが、小学校高学年から大学生の授業まで、少しの工夫を加えることによって、すべての校種で実践が可能である。

## 6. 教材開発のための文献リスト

ケネス・E・ボールディング、清水幾太郎訳（1971）:『科学としての経済学』日本経済新聞社

ケネス・E・ボールディング、公文俊平訳（1975）:『経済学を超えて　改訳版』学習研究社

宇土泰寛（2000）:『地球号の子どもたち―宇宙船地球号と地球子供教室―』創友社

バックミンスター・フラー、芹沢高志訳（2000）:『宇宙船地球号 操縦マニュアル』筑摩書房

倉坂秀史（2003）:『エコロジカルな経済学』ちくま新書

どこからどこへ研究会（2003）:『地球買いモノ白書』コモンズ

宇土泰寛（2011）:『地球時代の教育　共生の学校と英語活動』創友社

## コラム

# 多文化共生

　1990年代、一般的に使われるようになった「多文化共生」という用語は、教育関連の事典類には見出すことはできない。「共生」という言葉は当初、「共に生きる」という形で、日本人が地域の在日韓国・朝鮮人問題に主体的に関わるという文脈で使われていた。だが、80年代以降の経済のグローバル化がいわれるなか、製造業を中心とする外国人労働者の増大、出入国管理及び難民認定法（通称、入管法）の改定（1990年）を契機としての南米出身日系人の永住や国籍取得の進行に対応する形で、ニューカマーとよばれる定住者を想定しての国及び自治体施策の理念を示す用語として広まった。

　総務省発行『多文化共生の推進に関する研究会報告書』（2006年）によれば、多文化共生とは、「国籍や民族などの異なる人々が、互いの文化的違いを認め合い、対等な関係を築こうとしながら、地域社会の構成員として共に生きていくこと」とされる。

　教育施策として多民族・多文化化を想定しての教育課程は今のところ存在しない。異なる言葉や民族、文化的違いについての社会科地理学習における扱いは、平成元年（1989）高校学習指導要領・地理Aにおける「異文化理解」の位置づけによって多くの教材開発がなされてきたが、食事や服装体験などイベント的な学習活動の域をいかに超えることができるのかが課題である。

　移民国家である米国の場合、多文化教育（Multicultural Education）という概念のもと、非白人、低所得、英語を母語としない生徒への基礎的な学習支援の多くは、白人、中産階級、男性なかでもWASPの価値観による同化主義的イデオロギーに基づくものであったという。社会科・地理学習における「多文化共生」への取り組みは、先の定義に示される「対等な関係」の構築をふまえての学習活動の提起にあるだろう。

（梅村松秀）

**参考文献**
カール・A. グラント、グロリア・ラドソン＝ビリング編、中島智子・太田晴雄・倉石一郎監訳（2002）：『多文化教育事典』明石書店
総務省（2006）：『多文化共生の推進に関する研究会報告書』
馬渕仁編（2011）：「『多文化共生』は可能か―教育における挑戦―」勁草書房

> コラム

# 新学習指導要領と ESD

　1947年に制定された教育基本法が、2006年に改正された。改正教育基本法の特徴は、①「公共の精神に基づいて、主体的に社会の形成に参画すること」、②「生命を尊び、自然を大切にするなど、環境の保全に寄与する態度を養うこと」、③「伝統と文化を尊重し、それらをはぐくんできた我が国と郷土を愛するとともに、他国を尊重し、国際社会の平和と発展に寄与する態度を養うこと」など、国家や社会など公共的なことを重んじるとともに、積極的に社会の形成に参画していく姿勢が明確にされたことにある。

　改正教育基本法を踏まえて、2008年に小・中学校学習指導要領が、2009年には高等学校学習指導要領が改訂されたが、上述した社会参画と関連して、特筆すべき点は、小・中・高等学校の社会系教科に、ESDの視点が初めて明記されたことがあげられる。具体的には、小学校社会科では「持続可能な社会の実現」、中学校社会科地理的分野では「持続可能な社会の構築」、同公民的分野では「持続可能な社会を形成」と明記されている。また、高等学校地理歴史科では「持続可能な社会の実現」、同公民科では「持続可能な社会の形成に参画」といった文言で示されている。

　このことに関連して、これまで、わが国の社会系の学習指導要領には、より良い社会の形成に寄与する能力を育成することが記述されてきた。その場合の「より良い社会」とはどのような社会であるかは明確にされてこなかった。今回の学習指導要領の改定で、それが「持続可能な社会」であることが明確になったといえる。

　また、2008年7月に策定された教育振興基本計画によると、「地球的視野で考え、様々な課題を自らの問題としてとらえ、身近なところから取り組み、持続可能な社会づくりの担い手となるよう一人一人を育成する教育『持続発展教育 / Education for Sustainable Development（ESD）』」が、今後5年間に総合的かつ計画的に取り組むべき施策として提唱されている。

　すなわち、改正教育基本法や新しい学習指導要領には、ESDの趣旨と合致した学習指導のあり方が求められているといえよう。

（池下　誠）

**参考文献**
中山修一・和田文雄・湯浅清治編（2011）：『持続可能な社会と地理教育実践』古今書院

実践編

# IV 地球的諸課題（グローバルイシュー）

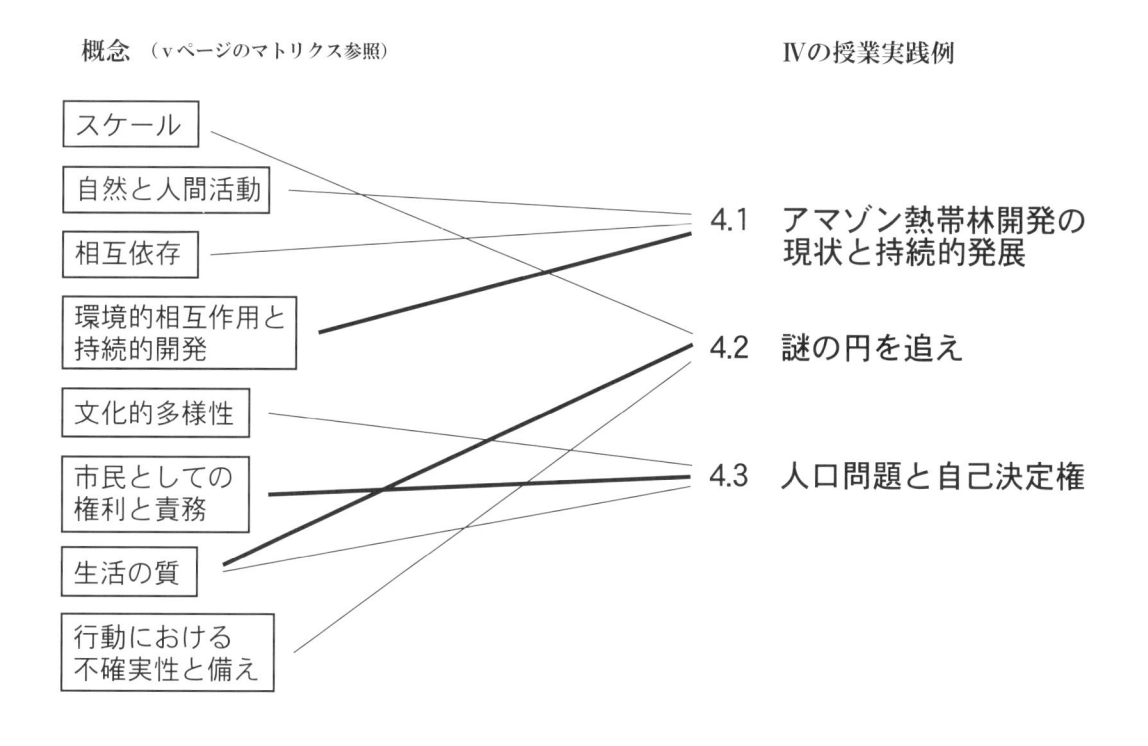

概念 （vページのマトリクス参照）

- スケール
- 自然と人間活動
- 相互依存
- 環境的相互作用と持続的開発
- 文化的多様性
- 市民としての権利と責務
- 生活の質
- 行動における不確実性と備え

IVの授業実践例

4.1 アマゾン熱帯林開発の現状と持続的発展

4.2 謎の円を追え

4.3 人口問題と自己決定権

■ 学習指導要領との対応 （viページのマトリクス参照）

| | | |
|---|---|---|
| 中学校 | 地理的分野 | (1) 世界の様々な地域 |
| 高等学校 | 地理A | (1) 現代世界の特色と諸課題の地理的考察 |
| | 地理B | (2) 現代世界の系統地理的考察 |
| | | (3) 現代世界の地誌的考察 |

実践編 Ⅳ　地球的諸課題（グローバルイシュー）

# 4.1　アマゾン熱帯林開発の現状と持続的発展

泉　貴久

❀ キーワード ❀
アマゾン、熱帯林開発、生態系、生物多様性、持続的発展

## 1．熱帯林開発を授業で取り上げる意義

　2010年10月に名古屋でCOP10（第10回生物多様性条約締約国会議）が開催されて以来、生物多様性という言葉が注目を集めている。生物多様性は、「長い歴史の中でつくりあげられた、様々な生物間のつながりと、それらを支える環境からなる全体」（小島：2010）と定義づけられる。このことに関連して、環境の構成要素である水、大気、土壌、地形は、全ての生物が存立するための基盤といえるが、これらは同時に、生物の一種である人間の生活を成り立たせ、豊かな文化を育む土台ともなっている。いうなれば、環境の悪化によって生物の存立基盤の維持が困難になれば、生物多様性も崩壊し、最終的には我々人間の生存も脅かされることにもなる。

　とりわけ熱帯林は、気候環境上の特性から地球上で生物多様性が最も高い空間といえる。ここには地球上の動植物種の半数以上が生息し、多種多様な生物遺伝子の宝庫となっている。熱帯林からは木材はむろんのこと、食糧や医薬品などの原料が供給され、また、「地球の肺」と呼ばれるように酸素の供給源にもなっており、いわば人類の生存に欠かすことのできない生態系サービスの一端を担っているといえる。さらに、ここには自然環境と一体となって独自の文化を形成している先住民族の生活の場が存在する。

　だが、経済開発を背景に熱帯林面積は年々減少傾向にあり、とりわけ世界最大規模の熱帯林を抱えるアマゾン川流域では、1970年代以降、貧困解消へ向け、「土地なき人々に人々なき土地を」をスローガンにブラジル政府主導による農地や牧草地の開発が推し進められた結果、森林伐採による生態系破壊はむろんのこと、先住民族の生活が脅かされる事態となった。また、鉱山開発による水銀の河川への流出によって住民の水俣病被害の問題も深刻化した。近年はバイオ燃料の世界的な需要の増大によるサトウキビ栽培農地の拡大、先進国住民の健康指向を背景にした大豆栽培農地の拡大、そして、医薬品開発による大手製薬会社の参入により、熱帯林面積はさらに縮小傾向にある。

　日本から遠く離れたアマゾン開発の問題と私たちの生活は決して無関係ではない。アマゾン開発には多くの日本企業が参入しており、この地から木材や農産物、医薬品の原料が大量に輸入され、それによって私たちの豊かな消費生活が支えられているからである。また、熱帯林の伐採は二酸化炭素の増大と大気や水の循環に変化をもたらすことになり、それにより地球温暖化が進行し、グローバルレベルでの気候変動へとつながっていく。その結果、最終的には私たち自身の生活に大きな影響を及ぼすことになる。

以上の点を踏まえ、本稿では、学習者がアマゾンの熱帯林開発の問題を通じて生物多様性の重要性を認識し、持続可能な地球社会のあり方について考えていくことを意図して「アマゾン熱帯林開発の現状と持続的発展」をテーマにした授業実践報告（高校地理A内容（1）「現代世界の特色と諸課題の地理的考察」ウ「地球的課題の地理的考察」を想定）を行う。

## 2. 授業のねらいと単元構成

本実践のねらいと単元構成は表1に示す通りである。これに加え、持続可能な社会を担う市民として主体的な社会参加能力を身につけていくことを意図して学習方法に工夫を施した。具体的には、地図や統計、文章など各種資料の分析・解釈を通じて結論を導いていく価値判断・意思決定の過程を重視した探究型の手法をベースに授業づくりを行った。また、コミュニケーション能力や表現力を高めていくためにディスカッションやプレゼンテーションなどの参加型・協働型の学習形態を随所に採り入れた。さらには、学習内容への理解を深め、問題への気づきを促すために、関連する映像や書物を教材として用いた。

筆者は本実践を勤務校の高校3年生に対して行った。対象となるクラスは系列大学への内部推薦を前提にカリキュラムが編成されているため、担当者の裁量を生かし、柔軟な発想で授業づくりを行うことができる。また、生徒にとっても受験準備にとらわれない精神的なゆとりの中で、大学進学後を含む将来を見据えた学びが可能となる。

## 3. 授業実践の詳細

ここでは、①「アマゾンの森を開発するべきか？保護するべきか？」、②「アマゾンの森の持続可能な開発へ向けて」の2つの単元における合計4時間分の授業実践を紹介する。授業実践の詳細は表2に示す通りである。

**写真1　ディスカッションをしながらポスターを作成している様子**

生徒たちは前時までに生物多様性空間としてのアマゾン熱帯林の存在とそれがもたらす恩恵、熱帯林開発によって生じる諸問題、熱帯林開発の背景となるブラジル社会の現状について学習し、理解を深めていった。

そのことを踏まえ、①では、熱帯林開発に関わる様々な立場について理解を深めることを目的に授業を進めていった。1時間目はまず、「アマゾンの森開発計画」についてのブラジル大統領の声明文（資料1）を生徒たちに読ませた。次に4、5名のグループになって開発計画について賛成派3名、反対派3名の意見（資料2）を踏まえて議論させ、開発の是非について判断させた。2時間目は、グループごとに判断した開発の是非の根拠について模造紙に的確にまとめさせ（写真1）、全体発表をさせた。次に、ふりかえりの意味で、ワークシートに自分たちのグループと他のグループとの主張で際立った違いを賛成・反対の別にまとめさせるとともに、グループ討論を踏まえ、開発の是非とその根拠についてコメントを記入させた（写真2）。

②では、持続可能という言葉の定義について様々な観点からとらえるとともに、そのような社会を構築する可能性について探っていくことを目的に授業を進めていった。1時間目はまず、グループごとに前回の授業で自分たちのグループが打ち

表1　高校地理A授業実践プラン「アマゾン熱帯林開発の現状と持続的発展の詳細（全13時間）

【実践のねらい】
（1）アマゾン熱帯林を事例に生態系や生物多様性の概念・魅力とそれが人類の生存や地球環境保全に不可欠であることを理解する。
（2）熱帯林の分布とその世界的な移動の特徴を空間的にとらえるとともに、熱帯林が人類にもたらす恩恵について理解する。
（3）熱帯林の開発行為が生態系や生物多様性を脅かし、地球的及び地域的に様々な問題を引き起こしていることを理解する。
（4）アマゾンの先住民・マチゲンガ族を事例に生物多様性が民族文化の多様性形成に大きな役割を果たしていることを理解する。
（5）アマゾンの熱帯林開発が必要される背景についてブラジル社会の置かれている現状との関わりから理解する。
（6）アマゾンの熱帯林開発を事例に開発問題に関わる様々な立場について理解する。
（7）持続可能という言葉の定義について様々な観点からとらえるとともに、そのような社会を構築する可能性について探る。
（8）アマゾンの森の持続的発展のために日本に住む私たち自身が身近なレベルから実行可能な行為について検証する。
（9）探究的な学習活動を通じて思考力・判断力・表現力などの言語能力や地図作業・統計分析などの地理的スキルを身につける。

【単元構成】

| 学習単元 | 学習内容 | 学習方法（形態） |
|---|---|---|
| 1. 生物多様性空間としての熱帯林（1時間扱い） | 熱帯林のイメージ、生態系、森林の働き、熱帯林の特徴、生物多様性 | 調査（個別） |
| 2. 熱帯林の分布とそれがもたらす恩恵（2時間扱い） | 世界の熱帯林分布、熱帯林の世界移動、熱帯林面積の推移と背景 | 調査（個別） |
| | 熱帯林がもたらす恩恵 | 調査（個別） |
| | 熱帯林の消滅を軸にウェッビングマップ作成 | 作業（個別） |
| 3. 多様な生命の星で（1時間扱い） | 原生林の特徴、自然界のしくみ、生物多様性、熱帯林輸出先と用途、日本人の年間紙消費量、花粉症の発生理由、カヤポ族の生活形態、アマゾンの森の開発、緑の革命、持続可能な農業、地球がもたらす資本 | 映像視聴（個別） |
| 4. アマゾン源流・森の民・マチゲンガを訪ねて（1時間扱い） | シピーポ族の生活の変化　ペルー山岳部のゲリラの実態、ペルー社会の貧困の理由、山の民が森へ流れる理由、マチゲンガ族の生活形態、カミセアの森天然ガス開発計画、マチゲンガ族にもたらされた変化、マチゲンガ族の思想の底流 | 映像視聴（個別） |
| 5. ブラジル社会の現状（2時間扱い） | ブラジル社会の現状 | 映像視聴（個別） |
| | ブラジル社会の抱える課題 | 討論（集団） |
| | ブラジル社会の抱える課題の解決策 | 討論・作業・発表（集団） |
| 6. アマゾンの森を開発するべきか？保護するべきか？（2時間扱い） | アマゾンの森開発計画の概要、開発計画の是非をめぐる様々な意見 | 討論（集団） |
| | グループごとの開発の是非とその根拠 | 作業・発表（集団） |
| 7. アマゾンの森の持続可能な開発へ向けて（2時間扱い） | 持続可能性の定義、アマゾンの森の持続可能な開発へ向けての計画 | 討論・作業（集団） |
| | 持続可能な森林開発 | 発表（集団） |
| 8. 日本の私たちにできること（2時間扱い） | 世界の木材生産量におけるブラジルの地位、日本の木材供給量の変化の特徴、日本の外材供給量における南洋材の占める割合、日本の南洋材の供給量減少の理由、熱帯材の加工用途、熱帯丸太・熱帯製材の主要輸入国 | 調査（個別） |
| | アマゾンの森の持続的発展に向けて | 作業（個別） |
| | 私たちにできること（レポート作成） | 調査・作業（個別） |

表 2　授業実践の詳細

| 学習単元 | 学習活動 | 指導上の留意点 |
|---|---|---|
| アマゾンの森を開発するべきか？保護するべきか？（2時間扱い） | ・ブラジル国内の地域間格差解消と貧困層の所得向上・雇用拡大を目指したプロジェクト「アマゾンの森開発計画」についての大統領声明（配布資料）を読む。<br>・4, 5 名のグループになって開発計画の是非について賛成派・反対派それぞれの意見を踏まえて議論を行い、開発の是非について判断する。<br>　賛成派：アマゾナス州知事、大手製薬会社社長、都市スラム居住者<br>　反対派：自然科学者、自然保護団体リーダー、先住民・クリナ族酋長 | ・アマゾンの森開発計画の概要とそれが必要とされるブラジル国内の社会的背景について理解させる。<br>・開発をめぐる様々な立場の存在とその意見の特徴について理解させる。<br>・6 人の意見から開発すること、あるいはしないことの利点について考えさせ、総合的見地に立ってその是非を判断させる。 |
| | ・グループごとに判断した開発の是非の根拠を模造紙にまとめ、発表する。<br>・自分たちのグループと他のグループとの主張で際立った違いを賛成・反対の別にワークシートにまとめる。<br>・グループ討論を踏まえ、開発の是非とその根拠について自分自身の意見をワークシートに記入する。 | ・見やすくわかりやすいポスターの作成を考慮に入れるよう的確にまとめさせる。<br>・開発の是非についての様々な意見をクラス内で共有するために積極的な発表を促す。<br>・立場の違いを踏まえつつ、開発計画に対する自分自身の見解を客観的かつ論理的に表現させる。 |
| アマゾンの森の持続可能な開発へ向けて（2時間扱い） | ・4, 5 名のグループになって持続可能性という言葉から連想するキーワードをあげる。<br>・出てきたキーワードをもとに持続可能性という言葉の定義をグループ内で設定する。<br>・アマゾンの森の持続可能な開発へ向けての計画の概要と開発へ向けての手順をグループごとに議論し、模造紙にまとめる。 | ・持続可能性という言葉の意味を多面的に理解させる。<br>・持続可能性を表す多様なキーワードをもとに持続可能な森づくりへ向けての手がかりを得させる。<br>・前回の授業で自分たちのグループが打ち出した開発の是非いずれかの立場に立脚して議論をさせる。<br>・経済発展・貧困解消・環境保全・文化の維持といった様々な立場の違いを乗り越えることの難しさを実感させる。<br>・見やすくわかりやすいポスターの作成を考慮に入れるよう的確にまとめさせる。 |
| | ・模造紙にまとめたことをグループごとに発表し、クラス内で共有する。<br>・ふりかえりの意味でワークシートに今回の授業の感想をまとめる。 | ・持続可能な森林開発ついての様々な意見をクラス内で共有するために積極的な発表を促す。<br>・持続可能な森林開発へ向けて、大局的見地に立ち、かつ未来志向的な考えを持つことが必要であることに気づかせる。 |

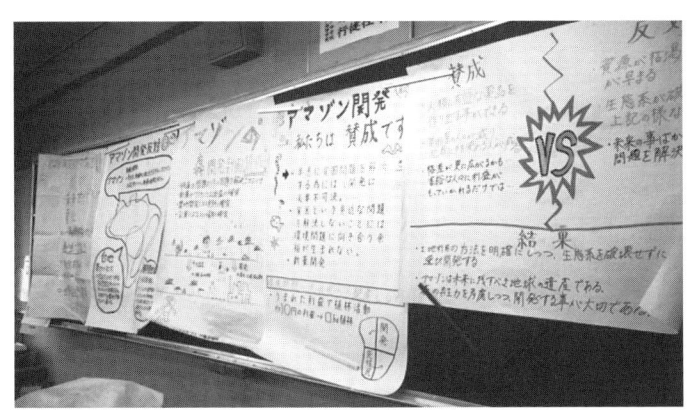

写真 2　アマゾン開発の是非についてまとめたポスター

写真3 アマゾン開発計画についてのプレゼンテーションの様子

出した開発の是非についていずれかの立場に立った上で議論をさせた。次に、持続可能性という言葉から連想するキーワードをあげさせ、出てきたキーワードをもとに持続可能性という言葉の定義をグループ内で設定させた。そして、アマゾンの森の持続可能な開発へ向けての計画の概要と開発へ向けての手順をグループごとに議論させた。2時間目には、前時に議論した結果を模造紙に的確な形でまとめさせた。次に、まとめたことをグループごとに全体発表をさせ、その内容をクラス内で共有していった。(写真3)。

なお、本単元の後に実践を行った最終単元「日本の私たちにできること」では、資料3に示すように、ブラジルの木材生産量、日本の木材供給量・木材自給率・熱帯材供給量等の推移について統計資料を用いて分析させた後、日本の市民としての当事者意識を持って、アマゾンの森の持続的発展のために何ができるのかを生徒たちに考えてもらった。その際、授業者の側で設定した9つのプロジェクトが持つメリット・デメリットを勘案しながら優先順位をつけていった。

## 4. 授業実践をふりかえって

本実践終了後に得られた何人かの生徒の感想を以下に紹介する。

☆普段生活していく中で、熱帯林のことを考えたりしないので、今回までの授業で学んできたことがどれも新しい発見であり、衝撃を受けるもので、これからは熱帯林や持続的発展のことを考えて日々生活していこうと思いました。

★熱帯林の問題はその地域だけではなく、地球規模の問題なので、これからはしっかりと向き合っていかなくてはならないと思う。一人ひとりの力は微々たるものだが、それが集まれば、やがては地球を守る大きな力になると思う。そのためにもこうした授業で知識を深めたり、皆で解決策を考えたりすることは大切だと思った。

☆日本は木造建築の文化なので、木材とは馴染みの深い国であるが、その木材のほとんどを輸入に頼っていたとは知らなかった。実際に熱帯林のユーザーとなっていた私たちがアマゾンの問題について無関心ではいられない。世界的に環境問題への取組みがなされているが、やはり個人での取組みについても具体的に考えていくべきである。

★アマゾンの現状を知ることができた。今まで大変なことになっているということは知っていたが、今回は先住民や持続可能な開発などと関連させ、より深い内容を学ぶことができた。そして、これからはより無駄な資源は出さないようにと思った。

☆日本の消費量は減っているが、今度は中国やインドの新興国が使い出している。これでは地球資源がなくなってしまうので、資源や自然を守るためにもあまり使わず、使ったら植えることが必要である。

★熱帯林は私たちの生活を豊かにしてくれる必要不可欠なものだということがわかった。しかし、人間の欲で大切な熱帯林が減りつつあることもわかった。これから先、自然とどうやって共生するかが大切だ。

☆自分の周りにある木材製品の原木がどこから来ているのかと考えることはあまりなかった。文化祭でベニヤ板や角材に木の種類と原産国は書いてあった気もするが、注意して見ることはしなかった。そうした気づかないところで熱帯林を使っているのかと思うと、少し複雑な気分になる。

彼らの感想からは、今まで遠い国の出来事としてとらえていたアマゾンの熱帯林開発の問題を自分たちの生活に引き寄せて考えるとともに、アマゾンはもとより地球社会の持続的発展に、思いを馳せることができるようになったことが伺える。その理由として、人類に多大な恩恵を与えてくれる熱帯林がひとたび破壊されたら、生態系や先住民の生活が脅かされるだけでなく、生物多様性が消失し、結果的に人間を含めた全ての動植物の生存基盤が奪われることになることを認識したからである。

生徒たちはまた、映像からアマゾンの現実をリアルにとらえ、それを切り口に問題の背景・要因・解決策などについて資料をもとに他者との協働作業の中で考えるようになった。そして、考えたことを自分たちなりに結論づけ、それを的確にまとめ、発表していく一連の学びのプロセスを体験していった。それにより彼らの問題に対する当事者意識は一層高まったといえる。

以上のことから、本実践のねらいはほぼ達成されたといえる。なお、本実践で育んだ当事者意識を地球社会の持続的発展へ向けた社会参加にどのようにつなげていくのかは、今後の課題である。

## 5. 読者へのメッセージ
―社会参加能力の育成へ向けて―

生徒たちが授業を通じて市民としての主体的な社会参加能力を身につけていくために、筆者はグループ学習を授業でしばしば取り入れている。なぜなら、現実社会は異なる価値観を持った人々の集合体で、そこでは話し合いを通じて、互いの違いを共有し、意見調整をしながらより良い方向に物事を運んでいく必要があるからだ。

現実社会は「人々の協働の問題解決の場」といえる。それならば、学習の形態を現実空間にできるだけ近づけていかなければならない。生徒たちが学習を通じて現代社会の矛盾をとらえ、他者との協働によってそれへの解決を目指し、持続可能な社会を築いていくためのきっかけをつくっていく。市民的資質はそのような民主的な学習形態によって初めて育まれるものである。そして、地域を基盤に学習がなされ、地域の担い手育成を主眼とする地理教育は、市民的資質と社会参加能力を育むに最も相応しい科目といえる。

## 6. 教材開発のための文献リスト

西沢利栄（2005）：『アマゾンで地球環境を考える』岩波ジュニア新書

山田勇（2006）：『世界森林報告』岩波新書

武内和彦（2007）：『地球持続学のすすめ』岩波ジュニア新書

アンジェロ・イシ（2010）：『ブラジルを知るための56章【第2版】』明石書店

小島望（2010）：『図説 生物多様性と現代社会―「生命の環」30の物語―』農文協

## 資料1 アマゾンの森開発計画・ブラジル大統領の声明

　わが国・ブラジルは、豊富な資源と労働力を背景に産業の振興を推し進めた結果、著しい経済発展を遂げ、今やBRICSの一員として新興国としての地位に昇りつめた。2016年にはリオデジャネイロで夏季オリンピックが開催されることになり、国民もおおいに盛り上がっている。

　しかしながら、わが国はまだ発展途上の段階にあり、国民の一人あたりの年間所得もそれほど高くなく、国民全体の5％に満たない富裕層と3割程度の中間層以外の国民の大半は貧困にあえいでいるのが実情だ。

　貧困層の多くは都市部のファベーラと呼ばれるスラムに居住し、電気も水道もない中、一日2ドル程度の生活を強いられている。子どもたちの多くは就学できず、路上生活を送り日雇い労働で生計を立てている。彼らの中には強盗や麻薬、殺人といった犯罪に手を染める者もいて、治安の悪化も深刻化している。

　政府は、こうした状況を打開するべく、アマゾンの広大な森の開発をさらに進めて行くつもりである。都市の貧困層をこの地に移住させ、農地の開拓を推し進め、食料確保に努めたい。また、この地には石炭や鉄鉱、天然ガスなど多くの鉱産資源が埋蔵しており、これらを採取・生産することで、貧困層の雇用の確保とともに、この国の工業化に大きく貢献するはずだ。

　また、環境保護の高まりから、バイオ燃料の需要が世界的に増大しているため、さとうきび畑の面積を拡大することで、収穫量と輸出量を増やし、外貨のさらなる獲得に努めていきたい。さらに、この地は多様な生物種の宝庫となっているため、先進国の製薬会社を進出させ、新薬の開発を担わせることで、わが国にも莫大な利益がもたらされるし、世界中でガンなどの病に苦しむ人々の命を救うことにもなる。

　以上のことから、アマゾン開発は、ブラジルやブラジル国民のみならず、世界の今後の発展、人々の幸福のために必要不可欠なプロジェクトといえる。

（ブラジル連邦共和国第36代大統領・ジルマ・ヴァナ・ルセフ）

## 資料2　アマゾンの森開発計画をめぐる様々な意見

**賛成派：アマゾナス州知事：エドゥアルド・ブラガ**

　アマゾン開発は、わが州の発展のためにも不可欠である。これにより、外国企業が参入し、税収の確保とともに、地元の雇用も確保される。そうなれば、将来的に住民の生活・福祉の向上にもつながる。農地の拡大は州の基幹産業である農業の発展のみならず、食料に事欠く大多数の国民を飢餓から救うことにもなる。

**賛成派：ドイツに本部を持つ大手製薬会社社長：アルベルト・シュタイナー**

　アマゾンの森には製薬に不可欠な動植物が多く存在する。医療用の麻酔、抗がん剤は熱帯産の種から製造されたものである。ガンの撲滅、人類の健康増進のための新薬開発もWHO（世界保健機関）から要請されており、この地の未発見の種から手がかりが得られるかもしれない。その意味においてアマゾン開発は不可欠だ。

**賛成派：都市スラム居住者：パウロ・ロドリゲス**

　北東部・レシフェ近郊のコーヒー農園で働いていたが、小作人であるゆえ地主に借地料を払うと手元に残るお金はわずかだ。そこで、一家（妻と4人の子ども）を支えるためにリオへ出てスポーツ用品店の店員として就業機会を得た。だが、店が外資系の企業に買い取られ、それに伴い英語のできる高学歴の者を採用したため、リストラにあい失業した。現在は廃品回収の日雇い労働で何とか暮らしている。アマゾン開発計画により、新天地に移住し、土地や職が確保できると聞いた。人生をやり直し、職に就き、一家を養えるだけの収入を得たい。

**反対派：サンパウロ大学教授（自然科学者）：ペトロ・ザビエル**

　アマゾンの森は、地球環境保全に大きな役割を果たしている。大気や水の循環、多様な動植物などが織り成す生物多様性を帯びた空間であり、人類の生存にとって大きな価値を持つ。開発によって森林が伐採されることになれば、この地で育まれた生態系が断ち切られることになり、地球環境にとってマイナスとなる。近視眼的な開発は避けるべきである。

**反対派：マナウスに本部を持つ自然保護団体リーダー：マリア・ロペス**

　アマゾンの森は、世界自然遺産に指定されており、ブラジルのみならず、世界的にも価値が高い。アマゾンの森はこれまでもハイウェイの建設や農牧地の開拓などの開発がなされ、広大な森林が消失している。それによって、生態系は崩され、川の水は汚染され、土は雨で流され、砂漠化に危機にある。ブラジルの国名は「パウ・ブラジル」という名の木からきている。ブラジルの国名に相応しい国になるよう植林活動を今後も続けていきたい。森の開発は是が非でも食い止めたい。

**反対派：先住民族クリナ族酋長：ロザリオ・アルシンド**

　私たちは、古来より森を糧に生きてきた。私たちにとって、森は生活そのもので、身体の一部にもなっている。この地で狩猟・採集すること、木から道具を作ること、自然のサイクルに合わせて焼畑を行うことなど、私たちは民族独自の文化を育んできた。森が消滅したら私たちはどうすれば良いのか。生きるための術を失うことになり、先祖から受け継いできた土地から出て行かざるを得なくなる。政府の都合で私たちの生存権が脅かされるのは悲惨の極みである。開発は何としても食い止めたい。

※ブラジル大統領とアマゾナス州知事は実在の人物名だが、その他の人物名は架空である。

## 資料3　地理ワークシート
# 日本の私たちにできること

1. データブック p.68 図②より世界の木材生産量におけるブラジルの順位と割合について示せ。
　　順位：　　　　　　　　　　　　　割合：

2. データブック p.68 図③より世界の広葉樹林生産量におけるブラジルの順位と割合について示せ。
　　順位：　　　　　　　　　　　　　割合：

3. データブック p.68 図①に示す日本の木材供給量の変化の特徴について、ア「国産材と外材の割合と供給量の推移」、イ「総供給量の推移」、ウ「木材自給率の推移」という観点から簡単に述べよ。

　　ア．
　　イ．
　　ウ．

4. データブック p.68 図⑨に示す日本の外材供給量における南洋材の占める割合の経年変化の特徴について簡単に述べよ。

5. 4より日本の南洋材の供給量が減っている理由について、教科書 p.290 の記述を手がかりに2点あげよ。

6. データブック p.68 図⑨より熱帯材がどのような形で加工されているのか3つあげよ。

7. 裏面の統計に示す熱帯丸太・熱帯製材の主要輸入国の特徴について簡単に述べよ。

「アマゾンの森の持続的発展へ向けてのプロジェクト」

A. アマゾンの森林破壊の現状を周囲に伝えるために文化祭などの場を利用して広報活動を行う。
B. アマゾンの植林を目的とした民間援助団体（NGO）へ募金することで間接的な支援を行う。
C. アマゾンの森林破壊を助長するようなブラジル産商品を購入しない。
D. アマゾンの環境保護や先住民の生活を支援するためにフェアトレード商品を積極的に購入する。
E. アマゾンをはじめ世界各地の先住民族の文化や現状への理解を深めるために授業などを通じて積極的に学ぶ。
F. 日本の森林面積が2007年現在で国土全体の68.2%を占めることから日本産の木材を積極的に利用する。
G. 身近な地域の環境保全が地球環境保全につながることから地域清掃などのボランティアに積極的に参加する。
H. 木材製品をはじめ商品のリサイクルに積極的に努める。
I. バイオ燃料や抗がん剤などの医薬品確保のためにブラジルへの投資を積極的に行う企業の株を購入する。

8. あなたは日本の一市民として、アマゾンの森の持続的な発展のために何ができるのか。次に示すA～Iのプロジェクトの中からあなたが優先すべきと思うものを順番に選び、左からランクをつけよ。

○⇒○⇒○⇒○⇒○⇒○⇒

○⇒○⇒○⇒○

9. 8であなたが示したランキングの根拠を各プロジェクトのメリット・デメリットに触れながら具体的に述べよ。

10. 8であなたが示したランキングをクラスメイトと交換し、気づいたこと、感じたことを具体的に述べよ。

11. 地球の持続的発展のためにあなた自身ができることを具体的に述べよ。

12. ここまで行ってきた熱帯林の授業をふりかえる意味で感想を5行以上で述べよ。

3年　　組　　番：氏名（　　　　　　　）

# IV 地球的諸課題（グローバルイシュー）

## 4.2 謎の円を追え
― 水問題と地球温暖化問題と食料問題 ―

伊藤 裕康

❀ キーワード ❀
水問題、仮想水、オガララ帯水層枯渇問題、フード・マイレージ

### 1. 水問題を基軸にしたESD授業開発

　水を買う習慣が日本になかった16年ほど前のイスラエル旅行の際、筆者は水を買って飲んでいたが、同行の男子学生は水を買うのが惜しくてジュースばかり飲み、これが原因で脱水症になった。イスラエルが占領しているヨルダン川の水源地ゴラン高原を間近にみたり、テルアビブ大学でシェルターをみた見聞から、「水と平和はタダではない」と痛感した。

　水が地表の70%を覆う地球の97.5%は利用困難な海水、2.5%の淡水も大部分両極の氷である。利用が容易な河川や湖沼等の表流水は、0.01%しかない。水は地球上に偏在もする。我々の体の70%は水、水なしでは生きられない。世界では約13億人が安全な水が得られないといわれる。

　1995年、世界銀行副総裁イスマイル・セラゲルディンは「20世紀は石油をめぐる戦争の時代だったが、21世紀は水をめぐる戦争の時代になるだろう」と述べている。水問題は我々の命と関わる身近な問題であり、グローバルな問題でもある。とくに筆者の住む香川県は毎年水不足が危惧されているので、生徒にとって切実な課題でもある。

　産業廃棄物などによる水の汚染、地下水枯渇や土壌塩害、人口増加と水不足、水不足と食料危機、都市人口急増と水道問題、国際河川や湖での国家間の利害対立など、水は、環境、食料、人口、都市・居住、資源・エネルギーなどの問題の相互関連性を理解させ、ESDの主要課題にアプローチできる素材である。

表1　ESD導入が可能な小単元の一例

第1小単元「『豊葦原の瑞穂の国』と言うけれど」
・内容（2）イ「世界と比べた日本の地域的特色」（ア）「自然環境」〈日本の気候と気候区分、自然災害、山がちな日本、急流で流域面積の狭い日本の河川、日本の自然災害〉
・内容（2）イ「世界と比べた日本の地域的特色」（イ）「人口」〈日本の人口稠密さ〉

第2小単元「食料輸入と仮想水・フード・マイレージ」
・内容（2）イ「世界と比べた日本の地域的特色」（ウ）「自然・エネルギーと産業」〈水資源、日本の農林業〉
・内容（2）イ「世界と比べた日本の地域的特色」（エ）「地域間の結び付き」〈農産物の輸入〉
・内容（1）ウ「世界の諸地域」（エ）〈「北アメリカ」で学習したアメリカの農業の様子〉

第3小単元「水の惑星というけれど―日本の私たちにできること―」
・内容（2）イ「世界と比べた日本の地域的特色」（イ）「人口」〈世界の人口問題〉
・公民的分野内容（4）「ア世界平和と人類の福祉の増大」〈人口問題、食料問題、平和問題〉
・公民的分野内容（4）「イよりよい社会を目指して」〈持続可能な社会の形成〉

〈　〉は対応する具体的事項

## 2. 一から始めず、ESD の視点で再構成を！

学習指導要領への ESD 導入を知らない教員が多い。2012 年 1 月の某 ESD 研修会は、学校に動員をかけ、部屋半分弱が埋まる状況で始まった。主催側からの「ESD を知っていますか」との問いかけに、半数以上知らないとの声。多忙な現場に新たなことをさせるのか、との思いが強いようだ。

それならば、一から始めるのではなく、ESD の視点で既存の学習を再構成することで、持続可能な ESD の展開を試みたい。

地理的分野では、内容（2）ウ（ｴ）環境問題や環境保全を中核とした考察での実践が思い浮かぶ（表1）。しかしそれだけでは、ESD の展開が相応しい地理の本領が発揮できない。本実践は、中学校学習指導要領と対応させ、ESD の視点で既存の学習を再構成した。詳細な単元展開は表2に示す。なお、高校地理 A 内容（1）ウでも、実態に合わせて実践が可能である。

## 3. 授業実践の実際

一人あたり水資源賦存量が少なく、気候と地形の関係で利用できない水も多いのに、なぜ深刻な水問題がないかとの第 1 小単元の問いは、第 2 小単元の仮想水に繋がる。機械化され水を大量消費し、農産物を大量に生産し輸出する農業が持続可能かとの第 2 小単元の問いは、第 3 小単元の今後の日本の食料生産のあり方の考察に繋がる。小単元終末ごとに次の小単元の主題と関わる学習

表2 中学校社会科地理的分野 単元「謎の円を追え―水問題と地球温暖化問題と食料問題―」の展開（6 時間）

**授業のねらい**
(1) 身近なうどんを素材に、仮想水とフードマイレージの概念について理解する。
(2) 海外からの食料輸入は、海外の水資源を奪い、輸送の際に $CO_2$ を排出し、環境に負荷をかけることになることを理解する。
(3) 原油価格高騰が小麦の販売価格の上昇を招いたことから、エネルギー問題と食糧問題は関連することを理解する。
(4) 地球上には様々な水問題があり、水問題が食糧問題や地球温暖化問題と関連することを理解する。
(5) 機械化され、労働生産性の高い農業経営によって農作物の大量生産をし、商品として海外に輸出する自然への負荷の高いアメリカの農業が、今後とも持続可能な農業と成り得るかと、問題意識をもつ。
(6) 日本は世界の 2 倍程度の平均降水量があるが、急流で流域面積の狭い河川、河川の護岸工事、都市化による土地被覆等で降った水は直ぐに流れ、その上人口稠密なため、一人あたりの利用可能な水は少ないことを理解する。
(7) 食と水という日常生活に見られることが世界の動向と関連することに気づき、自分たちの生活を問い直し、食料と水の持続可能な供給のために実行可能なことを身近なレベルから考える。
(8) 空中写真や景観写真の読解、地図や統計資料の読解、友達との意見交換などの学習活動を通じ、思考力・判断力・表現力などの言語能力や地図作業・統計分析などの地理的スキルを身につける。

【授業展開】

| 主な学習活動(学習形態)と学習内容(○) | 主な指導上の留意点 |
|---|---|
| 【第1小単元 「豊葦原の瑞穂の国」と言うけれど 2時間】 | |
| 1. 香川県の平均降水量は世界の平均降水量と比べ、多いか少ないか予想する。<br>○日本の平均降水量は 1,700 mm 程度、香川は約 1,200 mm 程度、世界は 810 mm 程度（FAO の資料をもとに国土交通省水資源部算出）である。<br><br>2. なぜ、日本の平均降水量は世界の平均降水量と比べて多いか考える。<br>○夏は太平洋高気圧から吹き込む南東季節風を受け高温多湿となり、冬はシベリア高気圧の影響で北西季節風が吹き込んで日本海側が雪や雨となるので、世界の約2倍の年平均降水量がある。瀬戸内式気候の香川県さえ世界の年平均降水量の 1.5 倍ある。<br><br>3. 年平均降水量が世界より多い香川県が、なぜ毎年水不足になるのか考える。<br>○香川県は、阿讃山脈が平野部間近まで迫り、川の流路は極端に短く河床勾配は急であり、降った雨も直ぐに海に流れ出てしまう。 | 1. 多くの生徒が、毎年水不足に悩む香川県の平均降水量の少なさは知っている。世界の平均降水量より香川県が多いことから、日本の降水量の多さを際立たせる。<br><br>4. 黄河やナイル川の河床勾配図が、黒板からはるかにはみ出ることで、日本の川が急で短いことを感覚的に気づかせる。 |

表2 つづき

| 学習活動と生徒の反応 | 指導上の留意点 |
|---|---|
| 4．県内唯一の一級河川土器川、四国一長い吉野川、日本一長い信濃川、断流現象のある黄河、世界一長いナイル川の同縮尺の河床勾配図から何が分かるか考える。<br>○日本列島は、中央を脊梁山脈が走り、河川の長さが短く急流となり、せっかく降った雨も直ぐに海に流れ出てしまう。<br><br>5．「水に流す」と言う言葉が生まれた理由を考える(班別に意見交換の後発表)。<br>○日本の川は、水量が多く流れも速く、滞留せずに汚いものを流し去ることができることから、「水に流す」と言う言葉が生まれた。<br>○争い事を引きずったら協力して作業する米づくりはできないので、日本では、過去をとやかく言わず無かったことにする「水に流す」と言う言葉が生まれた。<br><br>6．「豊葦原千五百秋瑞穂国」(とよあしはらのちいほあきのみずほのくに)と呼ばれた日本は、今も永遠に稲穂の実る水の豊かな国か、人口密度と水資源賦存量から考える(個別に意見を固めた後班別討論、その後発表しクラス討論：個別、集団)。<br>○世界の約2倍の年平均降水量がある日本は、人口が約1億2,700万人であるため、一人当たり年降水総量では、世界の3分の1程度の約5,000m³／人・年である。<br>○人が最大限利用可能な水資源量である水資源賦存量は、降水量から蒸発散量を引いたものに当該地域の面積を乗じたものである。<br>○日本の一人当たり水資源賦存量は、世界平均約8,400m³／人・年に対し、1/2以下の約3,200〜3,300m³／人・年である。<br>○河川の勾配が急で流路も短く、降雨も梅雨期や台風期に集中するため、水資源賦存量のかなりが利用されないまま海に流れ出る。<br><br>7．一人当たり水資源賦存量が少ない上、かなりの量が利用不可能なのに、日本では深刻な水問題が起きていないのはなぜかと話し合う(クラス討論：集団)。 | 5-1．滞留せず直ぐに汚水や汚物を流し去る日本の川の長所に着目させる。<br>5-2．黄河の断流から、少ない流量で緩慢な流れの川の問題点に気づかせる。<br>5-3．米づくりに共同作業が不可欠なことに気づかない時、昔の米づくりの様子の写真を提示する。<br><br>6．「水に流す」や「豊葦原千五百秋瑞穂国」からかつてと今との日本の水事情との違いに気づき、水の大切さを感じさせる。<br><br>7．結論が出ない問い(少ない一人当たり水資源賦存量の上、かなりの量が利用不可能なのに、なぜ深刻な水問題がないか)を持たせ、次の小単元の仮想水へと意識をつなげる。 |
| 【第2小単元　食料輸入と仮想水・フードマイレージ　2時間】(詳細な展開は表3を参照)<br>1．パンやうどんの値上がりの原因を考える(個別に意見形成の後班別討論、その後発表しクラス討論：個別、集団)。その後、原料の小麦の自給率と日本への小麦輸出国を知る。<br>○原油が上がって、小麦の輸送費が高くなった。<br>○中国やインド等の急激な経済成長で小麦が多く消費され、小麦の価格が上がった。<br>○バイオ燃料人気でトウモロコシに転換し、小麦不足になり、小麦価格が上がった。<br>○小麦の自給率は14％ほどである。<br>○小麦輸入量の55％程がアメリカ、25％程がカナダ、20％程がオーストラリアである。<br>○讃岐うどんの材料となる小麦の輸入は、すべてオーストラリアからである。<br><br>2．仮想水とフードマイレージの概念を知る。<br>○仮想水は、仮に輸入物資を自国内で作る場合、必要となる水の量である。<br>○食料を多く輸入すればするほど、仮想水も多くなる。<br>○フードマイレージは、輸入相手国からの輸入量と距離(国内輸送を含まず)を乗じたものである。<br>○フードマイレージの値が大きいほど地球環境への負荷が大きい。<br>○日本は食料自給率が低く、フードマイレージは大きい。<br>○海外からの食料輸入は、海外の水資源を奪い、輸送の際にCO₂を排出し、地球環境に負荷をかけることになる。<br><br>3．日本が一番小麦を輸入するアメリカの穀倉であるグレートプレーンズの農作物生産の様子を示す写真から、グレートプレーンズの農作物生産の様子を外観する。<br>○センターピポット方式での灌漑による農作物生産をしている。<br>○フィードロットによる牛の飼育をしている。 | 1-1．身近な生活の問題から世界の動向を考える。<br>1-2．生徒の実態により小麦が投機対象となり、価格が高騰したことも伝える。<br><br>2-1．小麦1kg作るのに2kℓの水が必要なことから、仮想水の概念を紹介する。<br>2-2．多くの食料輸入による地球環境への悪影響を考えさせた際、食料輸送で多くのCO₂を排出すると意見が出たら、フードマイレージを紹介する。<br><br>3-1．センターピポットによる農地を謎の円に見立てた景観写真を示し、謎の円の正体を探らせることで学習意欲を喚起する。 |

表 2 つづき

| | |
|---|---|
| 4. グレートプレーンズの降雨量の少なさから、なぜ世界のパンかごと言われるほど農産物が生産できるのかと問いを持ち、調査して発表する(調査・発表、個別)。<br>○グレートプレーンズはオガララ帯水層に依存した穀物生産や畜産をしている。<br><br>5. オガララ帯水層枯渇問題を知り、今後も持続可能な農業と成り得るか考える(個別で調査の後発表し、クラス討論：個別、集団)。<br>○資本集約的農業が展開するグレートプレーンズでは、投資を回収するため過剰生産しがちである。<br>○投下した資本を回収しようと、農家は地下水を過剰に汲み上げる傾向がある。<br>○多くが化石水のオガララ帯水層は、涵養量も少ないので、過剰灌漑で水位が低下する。 | 4. 同縮尺の日本とオガララ帯水層とを重ね合わせ、オガララ帯水層の大きさを認識させる(図1)。<br><br>5. 機械化され水を過剰に大量消費して農産物を大量生産し、輸出する農業は、今後も持続できるかという問いを持たせ、次の小単元へ繋げる。 |
| 【第3小単元　「水の惑星というけれど—日本の私たちにできること—」　2時間】 | |
| 1. 私達が利用可能な地球上にある水はどのくらいか予想する。<br>○地球は70%が水で覆われ、水の惑星と呼ばれる。<br>○地球の水の97.5%は利用困難な海水であり、2.5%の淡水も大部分が利用困難な両極の氷である。地下水・河川・湖沼等の淡水は0.8%であり、大部分が地下水である。利用可能な河川や湖沼等の表流水は、0.01%である。<br>2. 水の惑星と言われる地球では、利用可能な水は限定され、水不足や汚染された水を飲んで死んだり、水不足が一因での戦争等の水問題があることを理解する。<br>○汚い水を飲んだり、十分水が無くて8秒に1人の子どもが亡くなっている。<br>○衛生的な水にアクセスできずに命を落とす人々が、アジアやアフリカに多い。<br><br>3. 水問題が食糧問題や地球温暖化問題と関連することを理解する。<br>○発展途上国では人口爆発と呼ばれる急激な人口増加が起き、食料生産が追いつかず、水道もなく衛生状態の良くない狭い住宅に住む人々がいる。<br>○干魃によって、貧困や飢えに苦しむ人々がいる。<br><br>4. 今後の日本の食料生産の在り方を考え、討論する(既習事項を踏まえ、必要ならば意見形成のための補足調査を個別で行い、班で意見交換の後、クラス討論：個別、集団)。<br>○多くの食料輸入は、海外の水資源を我がもののように使うことと同じである。外国につけをまわさないよう、食料自給率を上げなければならない。<br>○多くの食料輸入は、フードマイレージも高め、地球環境に負荷をかけるから、食料自給率を上げなければならない。<br>○日本が食料自給率を高め輸入を減らせば、アメリカの農家は困りアメリカとの関係も悪くなる可能性がある。<br>○オガララ帯水層枯渇は、我々の子孫にとって大問題である。将来を考えて、食料自給率を上げるべきである。<br>○今後世界の人口はさらに増加し、食料は市況物資から戦略物資の色彩を強めるかもしれない。食料安保の点から海外に頼らず食料自給率を上げるべきである。 | 1. イメージし易いよう、地球上の水を風呂1杯分にたとえ、私達が利用可能な水は大さじ一杯分であることを知らせる。<br><br>2. 1995年の世界銀行副総裁イスマイル・セラゲルディンの「20世紀は石油をめぐる戦争の時代だったが、21世紀は水をめぐる戦争の時代になるだろう」という言葉を紹介する。<br><br><br><br>4. 食と水という日常生活に見られることが世界の動向と関連することを認識し、自分たちの生活を問い直し、食料と水の持続可能な供給のために私たち自身が身近なレベルから実行可能なことについて考えさせるようにしたい。 |

写真1　草を食むバッファロー
矢ヶ崎・斎藤・菅野 2003。

が位置づき、各小単元が連鎖し、単元の最後は、生活を問い直し食料と水の持続可能な供給を考える構成である。

本実践は、2011年1月に香川大学教育学部3年生に実施した授業に基づいている。なお、本プランで2008年7月に香川大学教育学部附属高松小学校6年生、香川大学教育学部2～4年生、高松市教育委員会主催10年目研修の教員、同年8月に島根大学教育学部附属小学校5年生、2009年3月に香川県丸亀市立飯山中学校年1年生でも授業実践を展開した。展開の様相に差異はほとんどなく、有効性を感じられたので、校種を問わず実践可能と考えている。

第1小単元1（1-1、以後同様）の平均降水量比べは、世界が多い28人、香川が多い2人、同じぐらいが1人だった。早明浦ダムの貯水率が毎年心配され、香川＝水不足というイメージが、香川のほうが少ないと予想する者を多くさせている。その香川より世界の平均降水量が少ないことに、学生（生徒）は驚いた。

1-3は、長さを10 cmに、水源の高さを10.59 cmに換算した土器川（長さ33 km、水源の高さ1,059 m、以後同様）を基に、吉野川（194 km、1,897 m）、信濃川（367 km、2,475 m）、黄河（5,464 km、4,800 m）、ナイル川（6,650 km、1,134 m）の河床勾配図を紙テープでつくった。黄河とナイル川が大きく黒板からはみ出してしまう。学生（生徒）は、日本の川が短く急なことを視角でとらえられた。

従来は、日本の川の欠点だけが教材化された。1-4は、水洗トイレの水量と汚物の流れとの関係や黄河の暖流現象から、急流なるがゆえに滞留せず汚水や汚物を流し去る日本の川の長所も気づかせた。

降水量の多い日本だが、川の流れが速く急な上、梅雨期や台風期に降雨が集中し、河川は氾濫し山崩れなども起き、雨水は利用されず海に流れる。学生（生徒）は、世界有数の人口密度でもあり、一人あたりが利用できる水は少ないのではないかと思い始めた。1-6で、日本の一人あたり水資源賦存量は世界91位、関東地方は905 m³/人・年ほどであることを知らせた。1,000 m³を下まわる関東地方が、北アフリカや中東諸国並なことに、学生（生徒）は驚きとショックを受けた。

一人あたり水資源賦存量が少なく、かなりの量が利用不可能なのに、なぜ深刻な水問題がないかと、問いをもって臨んだ第2小単元、その詳細な展開を表3に示した。若干の補足をする。

第1小単元の問いは、仮想水の概念と出会い、食料輸入はその食料を作るのに必要な水の輸入でもあるから、深刻な水問題がみられないのではという推測に結実した。その後学生（生徒）は、日本へ多くの食料を輸出するアメリカで、図1に示すオガララ帯水層枯渇という水問題があることを知り、日本をはじめ各国に農産物を輸出する自然への負荷が高いアメリカ農業が今後も持続可能か、と問いをもった。

なお、小麦からバイオエタノールを生産すると思う生徒がほとんどであった。そこで、小麦をトウモロコシに転換し生産することを説明した。ところで、景観写真から草の丈の低さや屋根なし牛舎に着目し、グレートプレーンズの降水量の少なさを推測することは、地理の読解力養成になる。

3-1・2では、学生（生徒）は目を閉じて、水が原因で子ども一人が亡くなる8秒間を体感することを通じて、地球規模での水の希少性と水問題

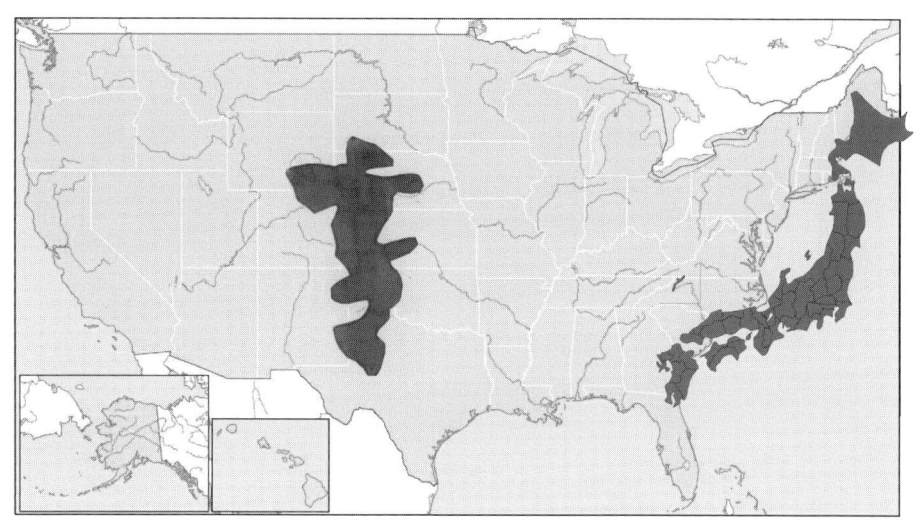

図1 オガララ帯水層の範囲（アメリカ中西部の暗色部）
日本列島を面積比較のために表示した。

の存在に気づいた。

3-3 では、人口爆発に追いつかない食料生産、干魃での農作物不作による飢え、水道がない住宅に住む人々の存在などを、学生（生徒）は知った。

3-4 では、世界には様々な水問題がある中、大量に農産物を輸入する日本の食料生産のあり方を考えた。表2に示した内容に関わる意見が出て、単元を終えた。以下は、単元終了時の感想である。

★これほど水が大切とは知らなかった。小麦をつくるにも牛を生産するにも大量の水がいることがわかり、他人事ではないと思った。仮想水として水を輸入していなかったら、日本にも深刻な水問題が起きるかもしれない。

☆地球は水の惑星といわれているが、実は使える水はほんの少しなのにびっくりした。地球温暖化で降水量の分布が変わるといわれる。いつまで、大量に食料輸入できるかわからない。子孫のためにも、水を大切にして自然を壊してあげたくない。これから生きていくために必要な水のことについて、まずしっかり知っていきたい。

本実践では、日常生活と世界の動向との関連に気づいての生活の問い直しはできた。だが、身近なレベルから実行可能な食と水の持続可能な供給までの洞察はできていない。既習事項を踏まえ、地理的分野最後の学習「身近な地域の調査」で、宮崎県綾町での家畜の排泄物や家庭の生ゴミを堆肥にした有機野菜栽培のような事例から、持続可能な社会の形成に向け、身近なレベルから実行可能なことを再度考えさせたい。

## 4. 教材開発のための文献リスト

矢ヶ﨑典隆・斎藤功・菅野峰明編著（2003）:『アメリカ大平原—食糧基地の形成と持続性—』古今書院（増補版 2006）

中田哲也（2007）:『フード・マイレージ』日本評論社

伊藤裕康監修、第1次～第3次香川県探検・発見・ほっとけん隊（2007～2009）:『水のパイオニアⅠ～Ⅲ』

伊藤裕康監修、第4次香川県探検・発見・ほっとけん隊（2010）:『水土里のパイオニアⅠ』

http://www.serageldin.com/Water.htm（イスマイル・セラゲルディンのHPの水問題の警告に関わる部分）

http://hydro.iis.u-tokyo.ac.jp/Info/Press200207/（沖大幹のHP：仮想水の理解に役立つ）

表3　中学校社会科地理的分野「食料輸入と仮想水・フードマイレージ」授業展開（2時間）

| 学習活動（・生徒から出てきた反応） | 指導上の留意点 |
|---|---|
| 1．パンやうどんの好きな生徒から、最近困っていることを聞く。<br>・値段が上がったパンがある。　・値段が上がったうどん屋がある。 | 1・2．身近なうどんやパンの値上げの問題から世界の動きにまで視野を広げさせる。 |
| 2．パンやうどんの原料である小麦から値上がりの原因を考える。<br>・パンやうどんの材料となる小麦は外国から輸入され、小麦の値段が上がった。<br>・原油の価格が上がって、小麦の輸送費が高くなった。<br>・中国やインド等の急激な経済成長により、小麦を多く必要とされるようになり、小麦の販売価格が上がった。<br>・バイオ燃料の人気で小麦からトウモロコシへ転換が進み、小麦不足になった。 | 2-1．個人で予想した後、班で話し合ってから発表する。<br>2-2．実態により投機対象となり小麦価格が高騰したこと、2007年も小麦価格高騰によるパンやうどんの値上げが行われたことを伝える。<br>2-3．原油価格高騰→小麦価格高騰→うどんやパンの値上がりから、エネルギー問題と食糧問題の関連に気づかせる。 |
| 3．日本の小麦の自給率(14%程)と輸入先の割合を調べる。<br>・小麦輸入量の55%はアメリカ、25%はカナダ、20%はオーストラリアだ。<br>・讃岐うどんの材料の小麦は、すべてオーストラリアから輸入しているのだな。 | |
| 4．小麦1kg作るのに水2kℓ必要だ。小麦約549万tを日本で作るなら、その分水がいるね。日本は約549万tの小麦を輸入し、学校のプール26,142,857杯分の10兆9800億ℓの水も輸入したことになる。この水を仮想水と言う。輸入農作物を作るのに、沖大幹氏によれば、水が年間約640億m³必要だから、日本は外国からこれだけの仮想水を輸入していることとなる。この仮想水の量を一人一日あたりにすると、1,460ℓ（風呂一杯を180ℓとし、風呂約8杯分）になる。前の時間、日本は一人当たり水資源賦存量が少ない上かなりの量が利用不可能なのに、深刻な水問題が起きていないのはなぜかが問題になった。どうして深刻な水不足にならないのだろう？ | |
| ・食料を輸入すればするほど仮想水も多くなって、外国から水を多く輸入する。<br>・日本は食料自給率が低いので、その分多くの仮想水を輸入している。<br>・一人当たりの水資源賦存量が少なく、かなりの量が利用不可能なのに深刻な水問題が起きないのは、仮想水として水を輸入しているからかな。 | 4-1．イメージし難い仮想水の量等は、身近なものに置き換え説明する。 |
| 5．なぜ食料を多く輸入することは、地球環境に悪影響を与えるのか考える。<br>・食料を海外から輸送することで、多くのCO₂を排出する。<br>・食料輸入は仮想水の輸入でもあることから、海外から水を奪っている。 | 5．個人で予想した後、班で話し合ってから発表し、討論する。 |
| 6．フードマイレージは、輸入している国からの輸入量と距離をかけた（=×）ものだ。ただし、国内の輸送距離は含まない。では、フードマイレージの数値が大きいとどうなって、小さいとどうなるのか。 | |
| ・輸入が多いほど、遠くから輸入しているほど、フードマイレージの数値が大きい。輸入量が少ないほど、近くから輸入しているほど数値は小さい。<br>・フードマイレージの値が大きいほど地球環境への負荷が大きい。<br>・日本は食料自給率が低いので、フードマイレージの値は大きい。<br>・食料輸入は、海外の水を奪い輸送時もCO₂が出て、環境に悪影響を与える。 | 6．海外からの食料輸送は多くのCO₂を出すという意見が出た際、フードマイレージを説明する。 |
| 7．（グレートプレーンズのセンターピボットの耕地を上空から見た写真をプロジェクターで示し）日本に小麦が送られて来るアメリカのある場所に、こんな丸いものがある、なんだろう。一つの円の大きさは（間を置く）、半径400mで面積は54ha、甲子園14個程だ。<br>・丸い畑？　・何か分からない。 | 7-1．上空から見たセンターピボットの写真は、インターネットからダウンロード可能である。<br>7-2．ピンぼけした写真を示し、徐々に焦点を合わせていく。また、最初は遠景写真を示し、生徒の反応を見つつ近景写真を提示する。<br>7-3．センターピボットの耕地を謎の円とし、次時の意識づけを行う。 |
| 8．前時に見た謎の円がある場所がグレートプレーンズであることを知り、グレートプレーンズがどこにあるか、地図で探す。 | 8-1．グレートプレーンズが探せたらマークさせ、書く物を置かせる。<br>8-2．探せられない生徒は近隣で聞く、早く探せられた生徒はどんな所か予想するよう指示する。 |
| 9．バッファローが草を食む写真1から、草の丈の短さに気づく。 | |
| 10．景観写真から、グレートプレーンズでの小麦の収穫作業、カントリーエレベーターの様子、フィードロットで牛を飼っている様子を知った後、日本の牛舎 | 9-11．文献リストにある『アメリカ大平原』所収の写真を活用した。 |

4.2 謎の円を追え

表3　つづき

| | |
|---|---|
| の様子とフィードロット違いについて考える。<br>・牛舎に屋根がない | フィードロットの写真は教科書に載っているものでも活用できる。 |
| 11. ここは(プロジェクターで写真を示し)、世界最大の食肉工場もあり、アメリカ全体の小麦19％、トウモロコシ15％、畜牛18％を生産する。グレートプレーンズでは、こんなにも農産物の生産があるので、世界のパンかごと言われている。<br>　　さて農産物を作るに何が必要？(水との声)。牛も水を飲む。小麦1kg作るのに水はいくら必要？(2kℓとの声)。牛丼好きな人(7人ほど挙手)、牛丼並1杯分の牛肉を生産するのに(間を置く)、水1,480ℓ必要だ。牛肉は自給できた？(自給できないとの声)。アメリカが狂牛病で大変な時、日本では牛丼が食べられなかった。アメリカ産牛肉の多くもグレートプレーンズから来る。<br>　　ところで、世界の平均降水量は810mm程度。日本の平均降水量は1,700mm程度。香川県はいくら？(約1,200mm程度との声)。じゃ、グレートプレーンズはどのくらいの降水量だろう。<br>　　この地図(帝国書院編集部編(2007)：『新編中学校社会科地図初版』帝国書院所収の主題図「アメリカ合衆国の気候」)から見てみよう。グレートプレーンズの降水量はどのくらいか(250～1000mmとの声)。ほぼ250～890mm。これは、砂漠気候の一歩手前の雨の降り方だから、水が少ない所だ。農産物を作るに何が必要？(水との声)。水はどうしているのだろう(川とか灌漑とかの声)。じゃ、調べてみよう。 | 11-1. 時間があれば、グレートプレーンズの平均降水量が世界と比べ、日本と比べ、香川県と比べてどうかと予想させ、話し合いたい。その際、草の丈の低さや牛舎に屋根がないことから降水量の少なさに気づかせたい。<br>11-2. 個々でグレートプレーンズでは農業用水をどのように得るのかを調べた後、発表する。<br>11-3. オガララ帯水層の巨大さに気づかせるため、プロジェクターで、日本とオガララ層を重ねて提示する(図1)。 |
| ・グレートプレーンズの地下にオガララ帯水層という湖みたいな水の層があり、その水を利用して農業生産している。<br>・オガララ帯水層は約45万km²もあり、約37万8千km²の日本より大きい。<br>・昔はグレートプレーンズでは、風車でオガララ帯水層の水をくみ上げていた。<br>・揚水ポンプで地下水を汲み上げ、長いスプリンクーラーが自動的に1分間に数センチ円を描きながらまわって水をまく、センターピポットで灌漑している。<br>・最初に見た謎の円は、センターピポットによる畑だったのだ。 | 11-4. 巨大さを実感したオガララ水層が枯渇問題を抱えていることから、いかに水を大量消費し農産物を生産しているか気づかせる。 |
| 12. グレートプレーンズで困ったことが起きている。何だろう？(水を汲み上げ過ぎて地盤沈下との声)。オガララ帯水層の水位低下が問題になっている。日本より大きいオガララ帯水層も、百数十年後無くなるかもしれないと言われる。今後のグレートプレーンズの農業がどうあったらよいか考えよう。 | |
| ・オガララ帯水層の水は、使えば無くなる化石水だ。降雨も少なくて貯まりにくいから、使いすぎると水位が低下する。取水制限をして、その中でやっていく。<br>・水が飛び散り無駄が多いと言われるセンター・ピポットは、水位低下の不安や生産コスト削減から節水の工夫が進んでいる。さらに技術を高め水の有効利用を図ったらよい。<br>・お金をつぎ込み、つぎ込んだお金を取り戻しさらに儲けようとするから、過剰に地下水を汲み上げ、農産物を過剰に生産したがる。少しセーブすればいい。<br>・機械化され、水を大量に消費して農作物を大量生産し、海外に農産物を輸出するアメリカは、今後とも持続して農業ができるのだろうか。 | 12-1. 個別で調べた後発表し、討論する。<br>12-2. 百数十年後にオガララ帯水層が消失しても、今の我々は大丈夫と投げかけ、世代間公平を考えさせる。<br>12-3. 農産物を輸出する自然への負荷の高いアメリカ農業が、これからも持続可能なのかと問題意識をもたせ、次の小単元「水の惑星というけれど—日本の私たちにできること—」へ意識をつなげる。 |

Ⅳ 地球的諸課題（グローバルイシュー）

# 4.3 人口問題と自己決定権
― 将来何人子どもを持ちたいですか ―

福島　聖子

❖ キーワード ❖
**人口問題、人口政策、自己決定権**

## 1. 人口問題をとおして自己決定権を地理の授業で取り上げる意義

　地球規模での人口急増が地球環境に与える影響を憂慮し人口調整の必要性が叫ばれて久しい。しかし、一方で日本国内では若年人口の減少によって高齢者支援の問題をはじめとする諸問題が顕在化し、国家の健全な存続に危機感を抱かせている。さらに国内における都市と農山漁村との間の人口の偏在も国民の適正な生活の質（Quality of Life）を阻害しているといえよう。このような人口問題に関する課題に対して各国政府や地方自治体はそれぞれの政策を講じている。

　上記のような現状を受けて、高校地理Ｂの授業では地球規模の課題として、主に食料問題と関連付けて人口問題が学習されている。スケールは世界全体の人口分布と人口動態、次に発展途上国では過剰な人口、先進国では少子高齢化といったそれぞれの現象が顕著な国の事例を取り上げている。日本国内の問題としては、少子高齢化と過密・過疎の問題が国レベルあるいは地域レベルで考察するよう構成されている。これらの学習項目は人口問題を理解する上で、基本的かつ重要な要素であるので従来通りの学習をすることに異論はない。

　しかし、人口問題あるいは人口政策を考える上で、従来の授業の中では個人レベルの視点が欠落しているのではないかと考えられる。とくに人口政策の基本は家族計画にある。家族計画とは個々の女性あるいは夫婦がその主体であらねばならず、彼らの決定した家族計画はたとえ国家といえども侵害すべきではないのである。これが「家族計画における自己決定権」である。

　ところが、中国の「一人っ子政策」が人口抑制政策の事例として取り上げられるが、政策の対象となる家族やとくに女性の人権が侵されている実態にまで踏み込んで言及されていない。このような実態をあえて生徒たちに提示し、彼らの身体的な痛みや精神的な苦痛を少しでも共有することで、「家族計画における自己決定権」を侵害するような国家政策に対して非人道的であると気づき、批判できる能力を涵養し、さらにはより良い人口政策を模索させる方向へと生徒を導くことはESDの目標とする持続可能な社会を構築するための価値観、とくに人間を尊重するという価値観を見出す力、そして批判力、体系的な理解力を養い高めることになると考える。

　次に「あなたは将来子どもが欲しいですか？欲しいとすると何人欲しいですか？」という問いを投げかけることで、人口問題を自分の問題としてとらえさせ、他者との関係性や社会・自然環境との関係性を認識し尊重できる個人の育成にもつながるだろう。例えば、個人レベルで考えると経

済力・仕事との関係・健康状態などの要因によって判断がなされるだろう。地域レベルで考えると、過疎で少子高齢化が進行しているのか、過密で生活環境が悪化しているのか、地域の子育て支援は整備されているのかなど、諸般の事情が浮かび上がってくるだろう。国レベルで考えると、日本の場合は少子化傾向であるが、これを是とするのか非とするのかによって家族計画が異なってくることが予想される。世界レベルで考えると、劇的な人口増加が今後も進行するであろうと予測される状態で、地域によっては食料や水の不足が生じているが、そのような事態も踏まえどう判断するか。生徒たちが家族計画を考える時に、このように様々なレベルあるいはスケールで考えることの重要性とそれぞれのレベルで生じている現象が互いに影響し合っていることへの気づきを促すことができる。

また上記の過程を経て、家族計画における自己決定を行う際の判断力や自律心の育成と、他者の自己決定権を尊重する精神を育成することにつなげることができる。

## 2. 授業のねらいと単元構成

まず第一に、人口問題を扱った従来のカリキュラムを援用して、世界レベル・国レベル・地域レベルのそれぞれのスケールで人口に関する現象や問題、課題について国や地域の特性と関連づけながら理解させる。これは本授業実践の最後の時限で生徒に自分の家族計画を考えさせる上で、判断理由の基本となる知識になるのである。

第二に、「あなたは将来子どもが欲しいですか？ 欲しいとすると何人欲しいですか？」という問いを生徒に投げかけ、自分自身の家族計画を考えさせる。その際、個人のレベル、次に地域レベル、国レベル、そして世界レベルという手順で考えさせると、それぞれのレベルで異なった結果が導き出されることが想定されるが、最終的な判断は個人に委ねられていることを確認する。第三に、イ

ンドと中国の人口抑制政策の事例を挙げることによって家族計画における自己決定権が侵害され、国民が非人道的な扱いをされている実態を知り、他者の苦しみを共有でき、そして国家の政策といえども不適切な場合は問題点を探り、反論する力を養うことを目指している。さらに自他ともに自己決定権は保障されなければならないことを認識させ、他者や多様性を尊重する精神を涵養することもねらいとしている。

第四として、時間に余裕があれば資料4を参考に、インドや中国あるいはアフリカ諸国のような人口急増地域において、人口抑制のためにどのような人道的な対策が考えられるか検討してみる。

単元構成については表1の学習プランに示してあるので参照されたい。

## 3. 実際の授業実践

この学習プランの特徴は、講義形式の授業形態を変形させることに制限がある場合、従来のカリキュラムを踏襲しつつ、わずかな時間を割いてESDの視点を盛り込んだ内容を加味するところにある。それゆえ実際の授業の大部分は講義形式で行った。授業の流れは学習プランの学習活動に示すとおりである。

生徒の活動としては5時限目に設定した「あなたは将来子どもが欲しいですか？ 欲しいとすると何人欲しいですか？」という問いに対して考え、そしてその理由も合わせて発表したことである。

生徒たちの考えのいくつかを以下に紹介する。

①自分が一人っ子で寂しい思いをしたので、2人は欲しい。できれば男女1人ずつ。
②仕事をばりばりやりたいので、子どもはいらない。
③賑やかな方がいいので、3～4人は欲しい。
④いろいろな状況を踏まえたうえで、子どもは欲しいが人数はまだわからない。

⑤教育上第三者的立場になれる環境を与えたいので3人欲しい。
⑥経済的なことを考えると1人か2人だと思う。
⑦日本は少子化だけど、自分は2人でいい。
⑧いままで家族計画を個人レベルでしか考えていなかった。

　生徒たちの考えで多かったのは、①や③のように自分が一人っ子で寂しいので最低2人は欲しいというものであった。②のように自分の職業人生を中心に考えて決定するのは女子生徒にみられる現象であるのは理解できる。また⑥のように経済的な状況や自分の子育ての能力を考えると2人がいいと答えた生徒も多かった。このようにあくまでも個人レベルに根拠をおいて家族計画を考える生徒が少なからずいるが、一方で④⑦⑧のように国や世界の現状を意識して家族計画を考えている生徒もみられる。

## 4. 授業実践のふりかえり

　前述のとおり個人レベルで家族計画を考えた生徒が多い中で、一部国や世界の現状を踏まえながら家族計画を考えた生徒もみられたことは、スケール別での観点を提示した効果であろうと考えられる。しかし、⑦の生徒のように、日本の現状を考慮しても2人でいいと言っているのは、家族計画の結果は個人が責任を持たなければならないことなので、少子化だからといって他者あるいは国家が3人以上子どもをもうけろとは指図できないことを意味している。

　この授業を通して生徒たちの家族計画が授業者の期待に沿わない場合、例えば日本は少子化が問題なので3人以上子どもを持ちたいという声を期待している。だが、それを無理に授業者の期待通りに誘導することなく尊重する態度を示さなければならないことを自覚した。

　家族計画における自己決定権を侵害する例としてインドと中国の人口抑制政策を取り上げ、ビデオと資料をみせたが、時間の都合で十分に掘り下げることができなかった。可能であれば生徒どうしで議論する時間を設けたり、さらには人道的に人口抑制を実現するにはどのような対策が考えられるのか検討させると充実した授業になるであろう。

## 5. 読者へのメッセージ

　一般的に教科書で扱われている学習内容にも十分にESDの授業として活用できるものが多く含まれている。今回提案した人口問題でも、他の視点からESDの授業が可能である。例えば合計特殊出生率を取り上げるとジェンダーやライフワークバランスなどのテーマが、また人口移動を取り上げると経済格差や移民政策、多文化共生などのテーマが想定され、それらをESDの授業に発展させることができる。ESDをあまり特別な教育だと構えないで、我々の身近な問題を整理してESDの内容につなげていけば良いのではないか。

## 6. 教材開発のための文献リスト

朝日新聞社編（2008）:『奔流中国21―新世紀の素顔―』朝日新聞出版

国連人口基金編（2011）:『世界人口白書2011（日本語版）』国連人口基金東京事務所（国連人口基金のサイト http://unfpa.or.jp/ から無料で入手可能）

表1 学習プラン

| 学習内容 | 学習活動 | 指導上の留意点 |
| --- | --- | --- |
| 1．世界の人口（2時間）<br>・人口爆発 | ・地域別人口増加率、世界の人口の推移の表やグラフから急速な人口増加にあることを確認<br>・人口の上位10カ国をあげ、人口集中地域を調べる<br>・合計特殊出生率／人口増加率から人口予測をする | ・人口増加の速度に注目させる<br>・アジア、アフリカに人口が集中していることに気づかせる<br>・人口増加が緩和される地域と急増し続ける国があることに気づかせる<br>・人口ピラミッドを提示して人口構成や転換の特徴を理解させる |
| ・食料需給の地域的偏在 | ・人口分布と各国の食料自給率、乳児死亡率、カロリー摂取量の分布図で人口分布と食料の需給の関係を調べる | ・アフリカなどの人口急増地域は食糧不足の問題を抱えており、その理由も理解させる |
| ・人口減少地域 | ・人口減少地域の分布図でその分布を確認 | ・先進国に分布していること、少子高齢化社会に突入していることを理解させる。 |
| ・国際的な人口移動 | ・世界の人口移動の地図から送り出し地域と受け入れ地域を確認 | ・人口移動の理由として、経済格差、政治、宗教などがあることを理解させる／時代によっても移動主体や移動地域に特徴があることに気づかせる<br>・日本在住の外国人について考えさせる（南米からの日系人、中華街中国人など） |
| 2．発展途上国の人口問題　（1時間）<br>・各教科書に取り上げられている地域を中心に授業を進める | ・発展途上国ではなぜ多産なのか推測する | ・なぜ多産なのかを理解させる高い乳幼児の死亡率／子どもは貴重な労働力／子どもは老後の保障／避妊等の保健教育の遅れなどに言及 |

表1 学習プラン（つづき）

| | | |
|---|---|---|
| | ・発展途上国の人口の問題点を考える<br>・人口増加を食い止めるにはどうしたらいいのか考える | ・食料や水など生命維持にかかわる資源の分配と生産／不十分な就業や教育の機会<br>・人口抑制政策／経済発展との関係／保健衛生や医療の普及などに言及 |
| 3．<u>先進国の人口問題</u><br>　（1時間）<br>・各教科書に取り上げられている地域を中心に授業を進める | ・先進国はなぜ少産になったのか考える | ・乳幼児の死亡率の低下／子育てに時間を取られたくないという女性の価値観の変化／晩婚化／子育てや教育にかかる経済的負担／社会保障の整備などに気づかせる |
| | ・少子高齢社会の問題点を考える | ・生産年齢人口の減少／年金制度の崩壊／高齢者施設や介護者不足などに言及 |
| | ・少産を食い止めるにはどうしたらいか考える（育児制度の国際比較等を参考に）<br>・高齢化社会への対策を考える | ・子育て支援の充実（保育施設や制度の充実／経済的支援）／男性の家事育児への協力<br>・介護施設や介護者の充足／外国人労働者の導入／経済的支援充実などに言及 |
| 4．<u>日本の人口</u><br>・人口構造の変化<br><br>・人口の偏在 | ・日本の人口ピラミッドや人口動態のグラフから人口構造の変化を読み取る<br>・都道府県別の人口と人口増加率の表から人口の分布や増減を確認<br>・都道府県別高齢化率の分布図を見る | ・ベビーブーム／多産多死から少産少死になり少子高齢化社会になっていることに気づかせる<br>・三大都市圏への人口集中と九州、山陰、東北の各地域の過疎化に気づかせる<br>・高齢化率の高い地域と過疎化の進行している地域がほぼ一致することを気づかせる |

表1　学習プラン（つづき）

| | | |
|---|---|---|
| 5．家族計画における自己決定権 | ・自分は将来子どもが欲しいか？　欲しいとすると何人欲しいか？　を考える | ・決定する規準として地球レベルの人口爆発を考慮するか、日本の少子高齢化という国内事情を考慮するか、あくまでも自分や家族の事情で考えるか、まったく自由であることをアドバイスする |
| | ・その理由を発表する | |
| ・家族計画における自己決定権が侵害されるとは | | ・**家族計画における自己決定権は何ものにも侵害されず擁護されるべきであることを強調する** |
| ①インドの事例 | ・ビデオ「もうひとつの戦争―インドの人口政策と女性たち」を見る | ・インドの農村の女性の語りからなぜ多産なのか／女性の体に対する知識を聞きとるように指示 |
| | | ・避妊手術をしている医師や人口抑制政策を実施した政治家の行為についても考えるよう指示する |
| ②中国の事例 | ・【資料2】「上海市計画出産条例」と【資料3】金亜妃さんの経験を読む | ・①と②の感想を書くかあるいは発表 |
| | ①と②の感想文を書く<br>時間がある場合は感想を発表 | |
| ③人道的な人口抑制策を考える | 【資料4】の内容を検討する<br>　あるいは日本がなぜ出生率が低下したのかを検討する | 【資料4】に示されている4つの部分はすべて連動していることに気づかせる |

【資料1】

インドの事例　ビデオ「もうひとつの戦争─インドの人口政策と女性たち─」1991年
アジア太平洋資料センター作成

1952年　家族計画を公式に採用

1976年「断固として早急に出生率を下げましょう。思い当たった手段を採ることをためらってはなりません。国民全体のためには個人の権利はいくらか留保されざるを得ないのです。」……インディラ・ガンジー首相（第5代1966〜1977年、第8代1980〜1984年）の言葉

1977年までに650万人の男性がパイプカット手術を強制された。これは当初の目標を50％も上回っていた。
強制的な不妊手術のためガンジー首相は選挙で大敗した。その後人口抑制政策のターゲットは女性になった。

インドの農村の女性たちの語りから

「私らには子どもが必要だ。私らには富もないし、財産もない。子どもたちが富であり、土地であり、私らの唯一の収入源だから、貧しい者には子どもが必要。」

「女は子どもがいて価値がある。それも息子がいて初めて地位を得る。」

「私らには土地がない。彼らは私らが土地を持てるようにする気がない。これでは貧困は消えるわけがない。彼らは貧困を撲滅しているのではなく、貧しい人々を撲滅しているのだ。」

解説から

「国連などから援助を受けて人口政策を行っているインドでは、半ば強制的な不妊手術によって体を壊す女性が後を断ちません。なかには命を落とす女性さえいます。世界人口の急増は資源の枯渇を招くとされ、人口増加の激しい南の国に対し、人口抑制のための援助が投入されています。しかし、現実には資源を浪費しているのは日本、アメリカをはじめとする北側の国々です。増え続けている人口は、まさに『子どもしか頼れるものがない』という南の人々の厳しい状況を表しているといえるでしょう。そして、『人口政策』はもっぱら女性の体を傷つける手術によって行われているのです。」

## 【資料2】

中国の事例　「上海市計画出産条例」から抄訳　『ドキュメント　中国の人口管理』1992年

若林敬子編　亜紀書房

1979年上海市革命委員会第5回全体会議通過

「計画出産の推進と人口増加の抑制は、全中国の民族の健康と科学知識水準の向上とに直接関連し、国民経済の発展と社会主義現代化の実現とに直接関連している。「国家による計画出産の提唱と推進」に関する『中華人民共和国憲法』第五十三条に基づき、上海の事情に合わせ、特に本規定を制定する。」

### 【第一章】

晩婚（農村で男子25歳、女子23歳　都市で男子27歳、女子25歳）の推奨／学生・見習工の結婚禁止／「一人っ子証」受領資格と権利・優遇／避妊手術の奨励／多子出産・婚姻外妊娠への処罰など

### 【第二章】機構と責務

市と区・県の各級計画出産委員会が管轄区内の計画出産工作の行政主管部門である。衛生、民生、商工等の行政管理部門は計画出産委員と協力し、計画出産管理工作を行わなければならない。

①局―公司―工場　　②区―街道―居民区　　③県―郷（鎮）―村の三つのルートから管理の網の目が掛けられている。

計画出産管理工作：

人口予測と統計の作成／計画出産の教育・宣伝／計画出産の科学技術の研究／　計画出産の幹部の養成／計画出産経費と避妊薬・具の管理／出産調整の管理と実行

・出産適齢女子の計画出産カードを用い、毎月の避妊措置・月経の有無・出産歴・性別子女数・一人っ子証受領情況を把握
・各管轄単位や個人への優遇策や処罰によって一人っ子政策を推進

【資料３】

『奔流中国 21 －新世紀大国の素顔－』2008 年

朝日新聞出版　p.230～231 から抜粋

　ちょうど夕食を終えたところだったという。妊娠 9 カ月の金亜妮さん（27）の自宅に黒塗りの車 2 台に分乗した数人の男が押し入ってきた。一人が言った。『一緒に来い。誰がお前に子どもを産ませるか。』抵抗する金さんを両脇から抱え、車に押し込んだ。

　連れて行かれたのは一人っ子政策を進める行政部門の建物だった。無理やり腹部に中絶のための注射を打たれたという。『もう混乱して……。こんなことがあるなんて信じられなかった。』

　金さんは河北省秦皇島市郊外の仮住まいの一室で 2000 年 9 月 7 日の出来事を振り返った。

【資料４】

①POPULATION AND DEVELOPMENT STRATEGIES
　人口政策と社会／経済の開発レベル

②REPRODUCTIVE HEALTH AND RIGHTS
　保健・避妊法など生殖に関する教育や権利

③WOMEN'S EMPOWERMENT
　女性の教育や地位

④DECISIONS ABOUT THE NUMBER, SPACING AND TIMING OF CHILDREN
　子どもの人数・出産の間隔や時期を決定する

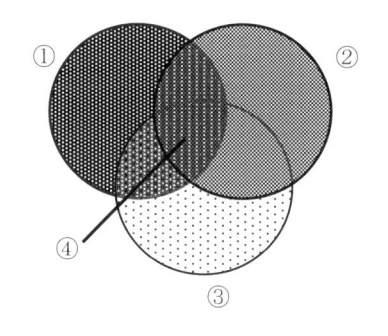

「Population Issues」国連人口基金より加筆修正

家族計画の意思決定は①②③の条件によって考慮され、三つの要素が重なった④の部分で決定される。


【資料５】
【資料４】の補完として次の文章を提示する。

　中国には、中国の出生率が低下したのは、現在の一人っ子政策の結果とは限らないと説く人口学者がいる。代わりに彼らは、出生率低下の大部分は経済と社会の発展の結果であると見ている。彼らによると、政府の家族計画が実施される前から、経済・社会発展によって出生率は下がりつつあった。もし一人っ子政策が突然緩和されたり後退したりしても、ほとんどの家族は自分たちで育てられる以上の数の子どもを産むことはないだろう。なぜなら彼らは、子どもを少なくしたほうが、家計にとっても子どもにとっても、価値があり恩恵が大きいことを学習したからだと彼らは言う。

「世界人口白書2011」国連人口基金より抜粋

＊【資料４】と【資料５】は授業者の参考資料として掲載したが、生徒に提示するかどうかは授業者の判断による。

## コラム

# 生物多様性

　生物多様性という用語は、1986年に全米科学アカデミー主催の「ナショナル・フォーラム」において同国の植物生理学者・ウォルター・ローゼンによって提唱された。また、この用語が初めて公式に使用されたのは同国の生態学者・エドワード・ウィルソンによって1988年に編集された同フォーラム報告書の書名においてである。

　生物多様性は、1992年にリオデジャネイロで開催の地球サミットにおいて「すべての生物の間の変異性をいうものとし、種内の多様性、種間の多様性及び生態系の多様性を含む」と定義され、それを踏まえて「生物多様性の保全」「生物多様性の構成要素の持続可能な利用」「遺伝資源の利用から生ずる利益の公平な配分」を目的に生物多様性条約が調印されるに至った。この条約は名古屋で会議が開催された2010年10月現在で193の国と地域が締結しているが、「生物多様性生みの国」であるアメリカは、遺伝資源の利益の公平な配分によって自国のバイオロジー産業が影響を受けることを理由に条約の批准を拒否している。

　生物多様性が重視される理由として、食物連鎖に示されるようにそれが全ての生物の生存基盤であるとともに、食料や木材、医薬品の供給など人間の生活を成立させ、豊かな文化を育む土台となっているためである。森林伐採や外来生物種侵入などによる生態系の攪乱、さらには生物多様性の維持が困難になれば、全ての動植物の生活基盤が破壊され、最終的には人類の生存の危機に至る。

　しかしながら、2009年に内閣府が行った調査によると、日本国内において生物多様性という言葉を知っている人の割合は36%、言葉の意味までも知っている人の割合は13%と認知度の極めて低い結果が出ている。それゆえに、生物多様性を人々の日常生活レベルでどのように浸透させていくのかが今後の課題である。学校教育においても、生物多様性をテーマにしたESDの教材開発や授業づくりの一層の推進が望まれよう。

（泉　貴久）

**参考文献**
デヴィッド・タカーチ著、狩野秀之・新妻昭夫・牧野俊一・山下恵子訳（2006）：『生物多様性という名の革命』日経BP社
盛山正仁著、福岡伸一監修（2010）：『生物多様性100問』木楽舎

## コラム

# フードマイレージ

　フードマイレージは、地元で獲れた食材を地元で消費する、いわゆる「地産地消」を推し進める社会運動として1990年代半ばにイギリスで始まったフードマイルがもとになっている。具体的には、食料の輸入重量（t）に輸送距離（km）をかけた値をいい、これに二酸化炭素（$CO_2$）排出係数（1tの荷物を1km輸送するのに排出する$CO_2$の量：鉄道20、船舶40、トラック150、航空機1,490）をかけることで、食料の輸送に伴う環境負荷の大きさを把握することができる。当然のことながら、食料重量と輸送距離の値が大きく、速度の速い輸送手段ほど環境に大きな負荷がかかることになる。それゆえ、地産地消がなぜ持続可能な社会形成のための重要な手段となり得るのか、それとともになぜESDの教材として有効であるのかが理解できよう。

　日本の食料自給率はカロリー換算で40％（2009年）と諸外国に比べて低く、食料の多くを海外からの輸入に依存している。当然、フードマイレージも7,093kg・km/人とイギリスの2.5倍、アメリカの7倍という高い数値を記録している。この理由として、平均輸送距離が15,000kmと長いためで、世界中からあらゆる食料を調達していることがわかる。

　日本の食料輸入は$CO_2$の増大のみならず、調達国における食料事情の悪化や農薬・化学肥料の大量使用による土壌や人体への汚染、地下水の枯渇という問題を孕んでいる。それゆえ、私たちが普段口にする食材がどこで産出され、どのような経路をたどって市場に入ってきているのか。また、それに伴い、いかなる環境負荷を与えているのか、一消費者として絶えず関心を持ち続ける必要がある。さらには、生産者側も商品に関する情報を開示し続けなければならない。

（泉　貴久）

**参考文献**
中田哲也（2007）：『フードマイレージ―あなたの食が地球を変える―』日本評論社
山下惣一・鈴木宣弘・中田哲也編（2007）：『食べ方で地球が変わる―フードマイレージと食・農・環境―』創森社

**コラム**

# 自己決定権

　自己決定権とは私的問題を自分で決める権利であり、憲法上の自由権や幸福追求権と一部重複する性格を有する概念である。この権利はあくまでも個人の自由意思によって選択され、政府などの外圧の介入から自由であることを保障されるべきものである。ただし、この権利の行使にあたっては、他者や自己への加害がない場合においてのみ認められるという制約や、自己責任が伴うことも認識しておくべきである。

　法学者の中山道子によると、「自己決定」という概念は、日本では1970年代末から1980年代にかけて、医学の発達によって延命治療が行われるようになったことから生じる安楽死の選択や、アメリカにおける中絶問題が盛んに議論されるようになり定着したとされる。

　実践編4.3では、中国やインドの人口抑制政策による強制的な避妊や中絶を取り上げたが、子を産む自由が公権力によって侵害された例としては、第二次世界大戦前から40年余り北欧諸国で行われていた強制不妊手術の例がみられる。それは優生保護の立場から遺伝性精神病質・身体疾患・奇形等に該当する者に対する処置である。

　自己決定権は価値観やライフスタイルの多様化に伴って、主張される権利内容も多岐にわたると考えられる。ESDでは不当な外部圧力の介入を見極める能力を高め、それに抗議し人権を保護する方策を考える一方で、とくに他者を理解しその自己決定を尊重する態度を涵養することを目標に、授業の一環に据えていくことが望まれる。

（福島聖子）

**参考文献**
内野正幸ほか8名（1998）:『岩波講座　現代の法14　自己決定権と法』岩波書店

# 理論編

理論編を読むとわかるキーワード

- ☐ ESD
- ☐ 新学習指導要領
- ☐ 市民性
- ☐ 多様性
- ☐ ロカリティ
- ☐ 感受性
- ☐ 生態系サービス
- ☐ 持続可能な地域社会
- ☐ ルツェルン宣言
- ☐ 地理教育国際憲章
- ☐ 「人間—地球」エコシステム
- ☐ 成長の限界
- ☐ システム・アプローチ
- ☐ 開発コンパス

理論編 1

# ESDの概念・特徴と地理教育
— ESDの普及・発展へ向けて —

泉　貴久

❖ キーワード ❖
ESD、地理教育、新学習指導要領、市民性

## 1. SDとその考え方

　環境問題や南北問題をはじめとする地球規模での諸課題が深刻化する一方、日本国内では今回の東日本大震災を教訓にエネルギー政策や防災対策が待ったなしに迫られており、その解決へ向けての指針となる「持続可能な開発（SD ＝ Sustainable Development）」という言葉がクローズアップされている。SDについてNPO法人「持続可能な開発のための教育10年推進会議（ESD-J）」は、「民主的で誰もが参加できる社会制度と、社会や環境への影響を考慮した経済制度を保障し、個々の文化の独自性を尊重しながら、公正で豊かな未来をつくる営み」と定義づけ、図1に示すように環境、政治、経済、社会、人権、平和、異文化理解、災害防止などを軸に幅広い側面からの解釈を試みている。

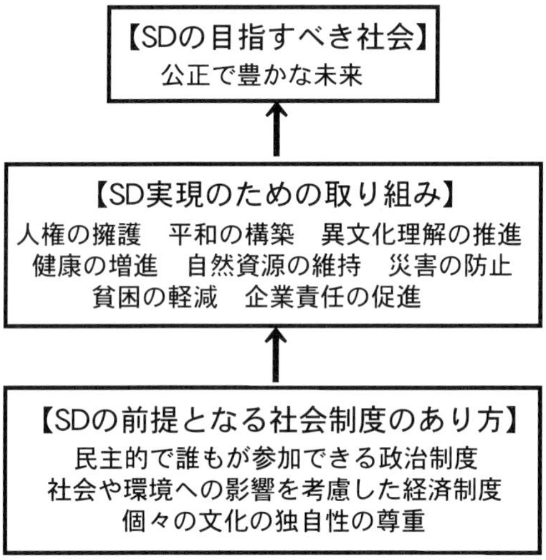

　SDについてのこうした考え方は、1987年の「国連環境と開発に関する世界（ブルントラント）委員会」において初めて提唱され、1992年のリオデジャネイロでの「開発と環境に関する国連会議（地球サミット）」で宣言された「アジェンダ21」

【SDの目指すべき社会】
公正で豊かな未来
↑
【SD実現のための取り組み】
人権の擁護　平和の構築　異文化理解の推進
健康の増進　自然資源の維持　災害の防止
貧困の軽減　企業責任の促進
↑
【SDの前提となる社会制度のあり方】
民主的で誰もが参加できる政治制度
社会や環境への影響を考慮した経済制度
個々の文化の独自性の尊重

図1　SDの概念図
ESD-Jホームページ（http://www.esd-j.org/）より作成。

において明文化された。そして、2002年のヨハネスブルグでの「持続可能な開発に関する世界首脳会議」では日本政府の主導で「持続可能な開発のための教育（ESD ＝ Education for Sustainable Development）」が提唱され、それをもとに2005

〜 2014 年の 10 年間、ユネスコ主導の下でのESD への取り組みが世界各国で開始されるに至ったのである（国連持続可能な開発のための 10 年：UNDESD ＝ United Nations Decade of Education for Sustainable Development）。

## 2. ESD の概念とその特徴

ESD について、ESD-J は、「持続可能な社会の実現をめざし、一人ひとりが、世界の人々や将来世代、また環境との関係性の中で生きていることを認識し、より良い社会づくりに参画するための力を育む教育」と定義している。また、ESD で育むべき価値観について「①人間の尊厳、②経済・社会的公正、③文化的多様性の尊重、④環境の尊重、⑤将来世代への責任」の 5 つの概念を、育むべき能力について「①自分で感じ考える力、②問題の本質を見抜く力、③多様な価値観を認め尊重する力、④自分が望む社会を思い描く力、⑤他者と協力して物事を進める力、⑥地域や国、地球の環境容量を理解する力、⑦具体的な解決方法を生み出す力、⑧自ら実践する力、⑨気持ちや考えを表現する力」の 9 つの能力を規定している。

ここから ESD が知識・理解の程度よりも思考・判断・表現のプロセスを経ながら市民としての主体的な社会参加へ向けた問題解決能力や政策提言能力、そして社会参加能力の育成を重視していることが理解できる。事実、文部科学省においても、ESD のねらいについて「地球的視野で考え、様々な課題を自らの問題としてとらえ、身近なところ（＝地域：筆者）から取り組み、持続可能な社会の担い手となるよう個々人を育成し、意識と行動を変革すること」（山田：2010）と定義づけている。そのことから、ESD の理念は「生きる力」を学力の指針とした新学習指導要領の柱となる「探究活動」や「言語活動」の考え方とも合致するのである。

なお、地域の実情に即した社会問題への解決・政策提言を試みる地理教育の観点から社会参加を学習目標に位置づけた場合、図 2 に示す 6 つの能力の育成を踏まえた学習プロセスを設定すべきと筆者は考えている（泉：2006）。こうした諸能力は ESD で育むべき能力と合致するもので、それらの能力の育成にあたっては、学習者の主体的な学びのプロセスとともにそれを保障するための

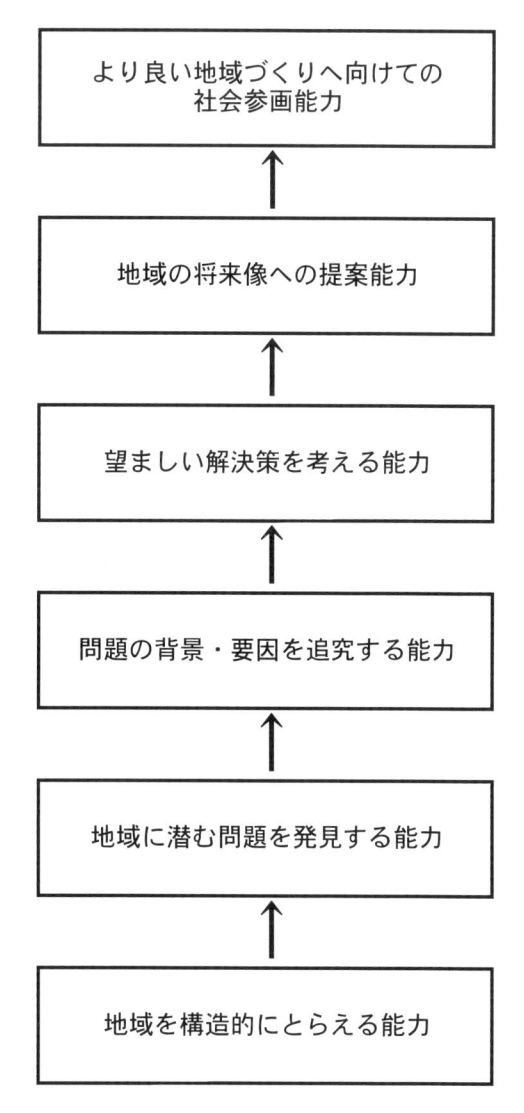

より良い地域づくりへ向けての
社会参画能力
↑
地域の将来像への提案能力
↑
望ましい解決策を考える能力
↑
問題の背景・要因を追究する能力
↑
地域に潜む問題を発見する能力
↑
地域を構造的にとらえる能力

図 2　地理教育における社会参加へ向けて
必要とされる能力
泉（2006）より作成。

参加型・協働型を軸にした多種多様な学習方法が組み込まれていることが前提となる。

以上述べたことをまとめると、ESDの特徴として、①「環境」「経済」「社会」の3つのテーマを軸に内容領域が構成されていること、②内容領域において学際性・総合性が強いこと、③学習の基盤としての価値観を重視していること、④批判的思考・問題解決・意思決定の学習プロセスを重視していること、⑤参加型・協働型を軸にした学習方法が活用されていること、⑥社会参加の舞台としての地域性が尊重されていること、の6点をあげることができる。

## 3．ESDと地理教育との関係

地理教育は、社会科教育の一端として、また、地理学の応用分野としての役割を担っているが、地理学それ自体の目的は「実在の地域における社会問題の解決」（内藤：1990）と「地域の今後のあり方を総合的な観点から探っていくための政策提言」（伊藤：1998）にあるとされる。ゆえに、地理教育は、「より良い地域を創造するための市民性を育むための教科」と定義でき、その最終目標は、「問題解決・政策提言の過程を重視し、地域において世界とのつながりを視野に入れながら積極的に行動する市民の育成」（泉：2008）にあるといえる。

このことから地理教育は、地域性や問題解決のプロセスを尊重するESDの理念と合致しているといえる。また、地理教育は、方法論において「環境と人間との関係を軸にあらゆる自然的・社会的諸事象を空間的に考察しようと試みること」（泉・池下：2008）から学際的・総合的性格を帯びた教育分野として位置づけられ、ESDの理念との共通点を見出すことができる。

このことに関連して、高校新学習指導要領地理Aでは、表1に示すように、地球的諸課題と生活圏の諸課題を軸に主題学習的な観点から内容知が構成されており、また、方法知においても問題解決を視野に入れた探究型の学習プロセスが重視されている。また、学習目標の一つに「地球的課題の解決にあたっての持続可能な社会の実現とそれを目指した各国の取組みや国際協力の必要性」が明記されていることから、ESDの視点が盛り込まれていると解釈できる（泉：2009a）。

以上述べたことから、ESDと地理教育とは理念や目的、内容や方法の面において共通性を帯びていることが理解できる。このことは地理教育がESDの実践において主導権を握るべきであるとする根拠を示すことにもなるのである。

しかしながら、現行指導要領下における地理Aの教科書をみると、具体的事実の記述にとどまっているように感じられる。例えば、元来、異文化理解を目的とした生活・文化の学習が、大学入試対応を名目に、世界の諸地域を網羅的に扱う地誌学習に変質してしまっている。また、地球的諸課題を扱った学習についても同様に、具体的事実の記述に終始するとともに、表面的な解決策を列挙するだけにとどまっているように感じられる。いわば、思考・判断のプロセスを踏まえた地理的技能が生かされることなく学習が展開されているのである（泉：2009b）。それゆえに、問題解決・政策提言・社会参加へと至る学習プロセスを学習内容にどのように組み込んでいくのかが新学習指導要領下での授業実践における課題となる。

## 4．海外および日本の地理教育におけるESD取り組みの現状

イギリスでは、ナショナル・カリキュラムにおいて「ESDを担う教科・領域の筆頭」に地理教育が位置づけられており、「SDに関わる知識・技能・価値・態度の育成」を目標の一つとしている。また、学習内容として、資源利用や開発などのいわゆる「複雑な諸課題」を取り上げ、それを探究型のプロセスを踏まえながら解決への途を模索し、より良い社会を構築していくための学習が重視されている（志村：2010）。

表1　高校新学習指導要領・地理Aの学習目標・学習内容とそのねらい

| 【学習目標】 現代世界の諸課題を地域性や歴史的背景、日常生活との関連を踏まえて考察し、現代世界の地理的認識を養うとともに、地理的な見方や考え方を培い、国際社会に主体的に生きる日本国民としての自覚と資質を養う。 ||
|---|---|
| 学 習 内 容 | 学 習 の ね ら い |
| (1) 現代世界の特色と諸課題の地理的考察 | 世界諸地域の生活・文化及び地球的課題について、地域性や歴史的背景を踏まえて考察し、現代世界の地理的認識を深めるとともに、地理的技能及び地理的な見方や考え方を身に付けさせる。 |
| (ア)地球儀や地図からとらえる現代世界 | 地球儀と世界地図との比較、様々な世界地図の読図などを通して、地理的技能を身に付けさせるとともに、方位や時差、日本の位置と領域、国家間の結び付きなどについてとらえさせる。 |
| (イ)世界の生活・文化の多様性 | 世界諸地域の生活・文化を地理的環境や民族性と関連付けてとらえ、その多様性について理解させるとともに、異文化を理解し尊重することの重要性について考察させる。 |
| (ウ)地球的課題の地理的考察 | 環境、資源・エネルギー、人口、食料及び居住・都市問題を地球的及び地域的視野からとらえ、地球的課題は地域を越えた課題であるとともに地域によって現れ方が異なっていることを理解させ、それらの課題の解決には持続可能な社会の実現を目指した各国の取組や国際協力が必要であることについて考察させる。 |
| (2) 生活圏の諸課題の地理的考察 | 生活圏の諸課題について、地域性や歴史的背景を踏まえて考察し、地理的技能及び地理的な見方や考え方を身に付けさせる。 |
| (ア)日常生活と結び付いた地図 | 身の回りにある様々な地図の収集や地形図の読図、目的や用途に適した地図の作成などを通して、地理的技能を身に付けさせる。 |
| (イ)自然環境と防災 | 我が国の自然環境の特色と自然災害のかかわりについて理解させるとともに、国内にみられる自然災害の事例を取り上げ、地域性を踏まえた対応が大切であることなどについて考察させる。 |
| (ウ)生活圏の地理的な諸課題と地域調査 | 生活圏の地理的な諸課題を地域調査やその結果の地図化などによってとらえ、その解決に向けた取組などについて探究する活動を通して、日常生活と結び付いた地理的技能及び地理的見方や考え方を身に付けさせる。 |

文部科学省編（2009）『高等学校学習指導要領解説 地理歴史科編』教育出版より作成。

フィンランドでも、ナショナル・コア・カリキュラムにおいて「自然科学と社会科学との統合教科」として地理教育が位置づけられており、「環境・開発問題の空間的特徴について分析し、持続可能な社会の構築へ向けて首尾一貫した問題解決法を探る」ことを目的の一つにしている。また、求められる能力の一つに「地球市民として地球規模で起こる諸課題に対して一定の見解を持ち、地球の持続的発展へ向けて主体的に行動すること」と規定されていることから、ESD の要素を多分に含んでいるといえる（Finish National Board of Education：2004）。

国際地理学連合地理教育コミッション（IGU-CGE = International Geographical Union-Commission on Geographical Education）が制定した国際レベルでの地理教育の指針「地理教育に関するルツェルン宣言」においても、地理教育の目標を「持続可能な開発」とした上で、その達成に向けての戦略や必要とされる学力、カリキュラム開発の基準などについて明記されている（大西：2008）。

なお、上述した三者の地理教育の特徴については、比較の意味で表 2 に整理した。

日本の地理教育においては、ESD の概念に基づいた地理教育の理論的枠組みについて整理がなされるとともに（梅村：2008）、その枠組みに基づいた授業実践への提案がなされつつある。だが、ESD への取り組みは総じてまだ浅く、理念的なレベルにとどまった状態にある。その原因として、日本の地理教育では知識や概念を習得することにウェートが置かれ、現代的諸課題への追究・考察プロセスを通じた問題解決へのアプローチはどちらかといえばおざなりにされていたことをあげることができる。

また、そのことに加えて、ESD の視点を地理教育へ導入することの現場サイドからの取り組みや導入の是非をめぐっての積極的な意見はほとんど聞かれることもなかったといえる。地理教育の危機が叫ばれる今日、その社会的有用性、ないしは社会貢献策がより一層求められているが（泉・岩本：2012）、そのためにも学習者自らが主体的な学びを通じて社会と自分とのつながりを実感する

表 2　イギリス・フィンランド・ルツェルン宣言における地理教育の特徴

| イギリス | フィンランド | ルツェルン宣言 |
|---|---|---|
| ① 持続可能な開発の考え方の知識・理解と、その考え方に基づく行動のためのスキルの発達。 | ① 自然科学と社会科学の統合的なテーマを扱う。 | ① 持続可能な開発のための教育への地理学の貢献（「人間―地球」エコシステムの概念）。 |
| ② 相互依存、生活の質、多様性といった持続可能な開発において重要な概念の知識・理解の発達。 | ② 自然―人間システムとしての環境の構造と機能についての研究。 | ② 持続可能な開発のための地理的カリキュラムを発展させるための基準（目的、テーマ、地域、学習アプローチ）。 |
| ③ 情報を処理・解釈する能力と批判的に探究するスキルの発達。 | ③ 環境・開発問題の空間的特徴について分析し、持続可能な社会の構築へ向けて首尾一貫した問題解決法を探る。 | ③ 地理学における持続可能な開発のための教育の中での情報通信技術の重要性（コンピューター・シミュレーション、GIS、GPS、デジタルリテラシーなど）。 |
| ④ 資源利用やグローバルな開発といった複雑な問題についての価値・態度の研究。 | ④ メディアに代表される地理情報について分析・解釈し、批判的検討を加えるためのスキルの発達。 | |

志村（2010）、Finish National Board of Education（2004）、大西（2008）より作成。

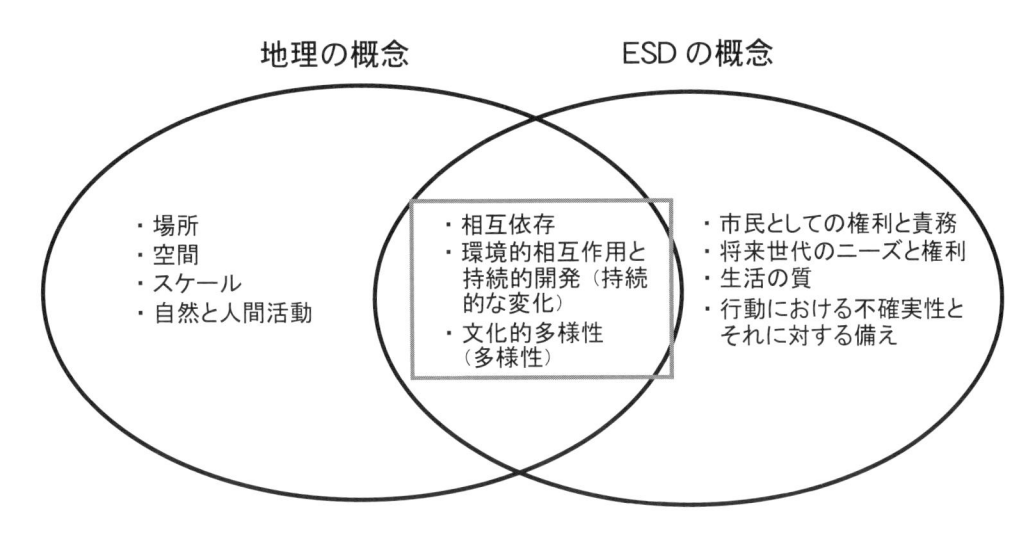

理論編1　ESDの概念・特徴と地理教育　115

```
          地理の概念              ESDの概念

        ・場所           ・相互依存      ・市民としての権利と責務
        ・空間           ・環境的相互作用と  ・将来世代のニーズと権利
        ・スケール        持続的開発（持続  ・生活の質
        ・自然と人間活動    的な変化）     ・行動における不確実性と
                       ・文化的多様性     それに対する備え
                        （多様性）
```

図3　ESDの理念に基づいた地理教育の理論的枠組み
梅村（2006）より作成。

ことで市民性を培い、そこから自己の生き方を確立することのできるような魅力的なカリキュラムや教材の開発が急務となる。

## 5．ESDの普及・発展へ向けて

最近、中山らによって地理教育界初のESDの体系書（中山ほか：2011）が出版された。この研究は、

①新学習指導要領にESDが位置づけられたことに呼応して、地理教育におけるESDカリキュラムモデルとそれに即した教材の開発を試みること

②海外におけるESD取り組みの推奨事例を示すこと

③上記の①②を踏まえ、日本の21世紀におけるESDをベースにした地理教材開発への先端的役割を果たすこと

に目的があり、日本の地理教育におけるESD研究の一層の進展に寄与することが期待される。しかしながら、執筆者のほとんどが大学や研究機関に所属する研究者であることから、内容的にも研究書の域を脱しておらず、現場レベルへの浸透にあたっては幾分課題が残る。

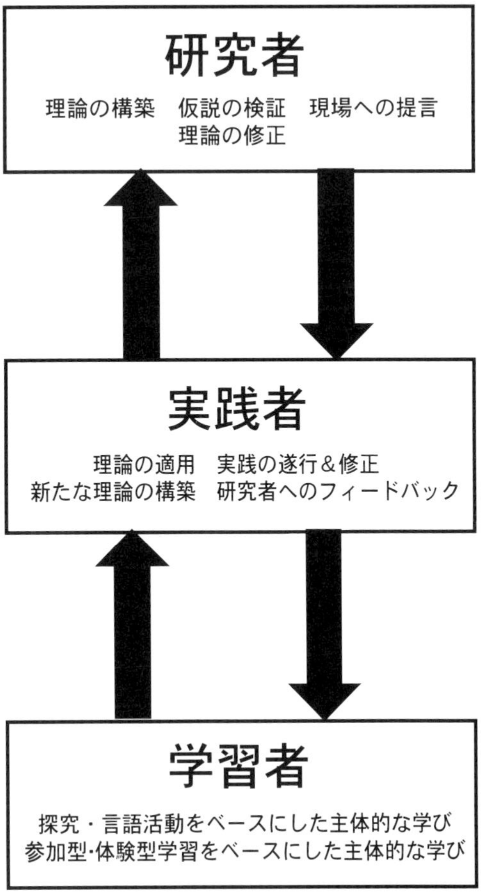

```
┌─────────────────────────┐
│       研究者             │
│ 理論の構築　仮説の検証　現場への提言 │
│       理論の修正          │
└─────────────────────────┘
        ↑↓
┌─────────────────────────┐
│       実践者             │
│ 理論の適用　実践の遂行＆修正    │
│ 新たな理論の構築　研究者へのフィードバック │
└─────────────────────────┘
        ↑↓
┌─────────────────────────┐
│       学習者             │
│ 探究・言語活動をベースにした主体的な学び │
│ 参加型・体験型学習をベースにした主体的な学び │
└─────────────────────────┘
```

図4　研究者と実践者・学習者との望ましい関係

肝心なことは、研究の成果を教育現場にいかに浸透させ、教師がそれに基づいて学習者（児童・生徒・学生）に対して実践を進めていけるかどうかである。また、そのことに加えて、地域や学校の実態を踏まえながら教師が自らの実践を軌道修正し、そこから新たな理論を構築し、研究者へフィードバックできるかどうかである。いわば、研究者と実践者、そして学習者相互の密接な関係がESDの現場レベルでの普及と発展につながっていくカギとなるのである（図4）。

## 参考文献

内藤正典（1990）：地理学における地域研究の方向性．地理，35-4，pp.33~42．

伊藤達雄（1998）：人文地理学における地域政策研究の課題と展望．地理学評論，71A-5，pp.315~322．

Finish National Board of Education（2004）: National Core Curriculum for Upper Secondary Schools 2003. Finish National Board of Education

泉　貴久（2006）：社会参加学習．日本地理教育学会編『地理教育用語技能事典』帝国書院，p.131．

泉　貴久（2008）：地球市民育成のための地理教育のあり方―カリキュラム開発へ向けての一試論―．中等社会科教育研究，27，pp.13~26．

泉　貴久・池下　誠（2008）：なぜESDなのか？―地理教育でなければならない理由とは？―．地理，53-5，pp.79~85．

梅村松秀（2008）：イギリス初等地理にみる学びのスタイルの転換―ESDのもとでの地理学習の特徴―．地理，53-9，pp.89~95．

大西宏治（2008）：持続可能な開発のための地理教育に関するルツェルン宣言（全訳）．新地理，55-3・4，pp.33~38．

泉　貴久（2009a）：新学習指導要領・地理Aの特徴と方向性．歴史と地理，623，pp.9~20．

泉　貴久（2009b）：イギリスの中等教育用地理テキストにみるESDの概念―日本の地理教育におけるESD実施へ向けての課題と展望―．専修人文論集，84，pp.353~374．

志村　喬（2010）：『現代イギリス地理教育の展開―「ナショナル・カリキュラム地理」改訂を起点とした考察―』風間書房．pp.177~187．

山田素子（2010）：学校におけるESD．中等教育資料，895，pp.16~19．

中山修一・和田文雄・湯浅清治編（2011）：『持続可能な社会と地理教育実践』古今書院

泉　貴久・岩本廣美（2012）：地理学会の社会貢献活動と地理教育．E-journal GEO, 7-1, pp74~81．

理論編 2

# 持続可能な地域社会の構築に向けて
― 生物多様性から社会的多様性へ ―

福島 義和

❖ キーワード ❖
多様性、ロカリティ、感受性、生態系サービス、持続可能な地域社会

## 1. 地域コミュニティの機能不全

　教員がベテランになるほど働きがいが減退しているといった報告が国際経済労働研究所などの調査で明らかになっている（2010年11月～2011年1月に、教員1万人を対象）。とくに、ベテランの男性教員の劣化が激しいようである。本稿では、もちろんその劣化要因を探求するものではないが、教科書を唯一の教材に教えているだけでは進歩がないし、イノベイティブな人材や社会は生まれない。人権や差別など私たちの周りで起こっている出来事や、環境・貧困問題や紛争などの世界の動きに敏感に反応し、それらに対して責任ある行動がとれるような人間（担い手）を育成する必要があるだろう。

　このように考える背景には、グローバリゼーションが1980年代後半以降進むなか、われわれの生活が根ざしてきた地域コミュニティが多方面で崩壊している事実があげられる[1]。つまり、「つながり」「連帯」「相互依存」などと微妙に差異はあるが、確実に「孤独」「疎外」「排除」の対象になる人々が増えている。確実に彼らの落ち着ける居場所が消滅しているのである。身近な見守りや祭りなどの行事が、隣近所や町内会で実行できなくなってきている。地域コミュニティが、地域社会のコアになっていないのである。安全かつ安心できる地域コミュニティの復活が今後期待される。

## 2. 地域からの持続可能性 ― ロカリティ ―

　日常生活に追われる私たちにとって、「場所の持つ魅力」に気づき難くなっている。グローバル化が、場所のネットワーク化を展開するものの、地域固有の自然や文化、資源、歴史、価値観などを形成する地域の個性、つまり地域性（locality）の喪失を招いているのである。このロカリティこそが地域の持続可能性のベースである。

　例えば、郊外のロードサイドショップの無機質な景観には、嫌悪感が残る。このような画一的な景観や味覚、騒音に近い駅構内のアナウンスの声などは、確実に私たちの豊かな感受性を蝕んでいる。ヨーロッパの伝統的な町並みに醸し出されるあの落ち着いた「まとまり」は何であろうか。

現在の日本において、残すべき遺産（assets）はしっかり残し、地域の履歴なるものが明瞭に子ども達に伝達されていくことが重要である。その役割を担うのが ESD である。換言すれば、地域住民同士が主体的に「まちづくり」への参加の度合い[2]を高めつつ、時間をかけてロカリティを形成していくことが大切である。そのようにして時間をかけて形成されたロカリティは「場所の魅力」さらには「場所愛（topophilia）」へと醸成されるはずである。

明らかにトップ・ダウンではなく、ボトム・アップ型の参加である。「新しい公共」が模索されるなか[3]、住民の積極的な参加とともに、「まちづくり」における地方自治体の役割も必然的に変化せざるを得ない。

## 3. 持続可能な社会形成と社会的多様性
— 「予防型」ヨーロッパから学ぶ —

ヨーロッパにおいては、1970年代の公害問題、1980年代の酸性雨、そして1986年に起こったチェルノブイリの事故と続いた悪夢の時代から解放されたのが、1990年代である（表1）。

1990年代は、ヨーロッパが持続可能な社会の構築に向けて、社会構造の変革に乗り出し、サスティナブル・シティの路線を展開した10年である。その詳細は省略するが[4]、明らかに1970年代のクルマ依存の都市計画からの脱却である。この都市政策の根底には、豊かな社会、つまり多様な人間が平等に豊かに生活できる公正な社会をめざしている思想があるようである。しかし日本では「1990年代は失われた10年」[5]と呼ばれ、産業の国際競争力だけでなく、持続可能な社会への移行という点でも、世界に大きく遅れをとりつつあった10年であった（諸富：2002）。

例えばイギリスの都市を概観すると、エスニック・マイノリティの比率が約8％で、かつての工業都市ではその割合はもう少し高くなる。まさに多文化社会である。エスニック・マイノリティの比率が約30％を示すバーミンガムでは、地域戦略パートナーシップ（LSP：Local Strategic Partnership）による都市再生で、一応の成果を挙げている。

移民、貧困、失業、教育、犯罪など多くの悩みを抱えつつ、社会の多様化を包摂する（Inclusion）ことで、コミュニティの結束（Community Cohesion）を高めている。ただし多文化主義が多文化共生に向かわず、エスノ・ナショナリズムの温床になる危険性はある[6]。

イギリスにおける多文化共生への取り組みは、その根底にはなにびとも排除しない（No Exclusion）ことと、生活の質（Quality of Life）の確保にあることは間違いない。

表1　日本と欧州の持続可能な開発の動向

| 「治療型」日本 | | 「予防型」欧州 |
|---|---|---|
| 産業公害（1950年代〜） | | |
| | 1972年 | 国連人間環境会議、成長の限界 |
| | 1980年 | 世界環境保全戦略 |
| 生活公害 | 1982年 | 国連環境計画拡大管理理事会 |
| | 1987年 | ブルントラント報告「われら共通の未来」 |
| 失われた10年 | 1992年 | 国連環境開発会議　（リオ地球サミット） |
| | | 地球環境問題（気候変動・生物多様性） |
| 環境基本法 | 1993年 | |
| | 2002年 | 持続可能な開発に関する世界首脳会議（ヨハネスブルグ・サミット） |
| ESD-J発足、環境教育推進法 | 2003年 | |
| | 2007年 | 持続可能な開発のための地理教育に関するルツェルン宣言 |
| | 2012年 | 国連持続可能な開発会議（リオ＋20） |
| | | 環境負荷の少ないグリーン経済への移行、地球環境の保全と貧困の撲滅 |

注：開発の動向には、環境問題に積極的に前もって取り組む「予防型」と、発生した環境問題に対処する「治療型」がある。

## 4. 持続可能な地域社会の構築
### ― ESD の実践を通して ―

**（1）生物多様性とわれわれの生活**

将来の持続可能な地域社会を考察してみよう。

まずわれわれの生活が、多様な生態系サービスの恩恵を受けていることを学ぶ必要がある[7]。単にエコシステムの重要性のみを主張しても理解し難く、われわれの生活とのつながりを認識することが重要である[8]。そしてわれわれの生活の豊かさを支えている多様な生態系サービスは、豊かな生物多様性（biodiversity）が維持されて始めて供給されるものである。換言すれば、生物多様性が損失すればするほど、生態系サービスは低下する。

生態系サービスとは、具体的には供給サービス（食料、淡水、木材…）、調節サービス（気候調節、洪水調節、水の浄化…）、文化的サービス（審美的、精神的、レクレーション的…）の3種類が該当し、これらのサービスの向上が安全

**図1** 生物多様性から社会的多様性、そして持続可能な地域社会へ

や健康など人間の福祉の充実化に結びついている。

上記の展開を可能にしているのは、様々なレベル（遺伝子、種、生物群、景観）の生物多様性である。相互依存に裏打ちされた生物多様性、換言すれば生態系（Ecosystem）の構築、そしてその維持がわれわれの生活の豊かさとつながっているのである（図1）。

逆説的にいえば、都市におけるわれわれの日常

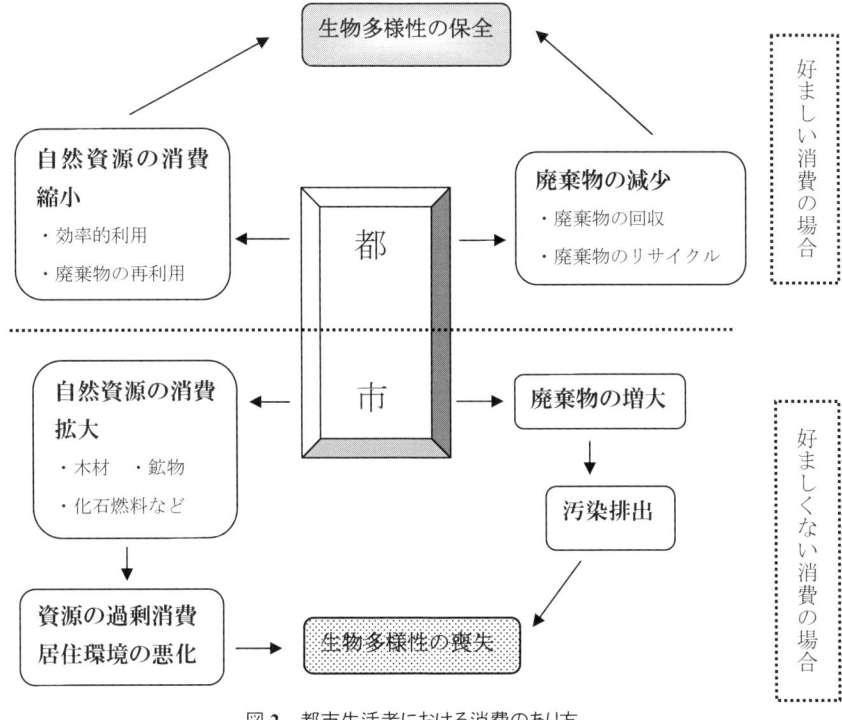

**図2** 都市生活者における消費のあり方
出典：K.J.Gaston（2010）Urban Ecologyからの引用に補筆・修正。

生活において、天然資源の消費を縮小するためにいかに効率的に再利用しながら、かつリサイクルに考慮しつつ、廃棄物を減少させることにどれだけ日常的に努力できるか否かによって、最終的には生物多様性の保全あるいは喪失の分岐点になる（図2）。

**（2）持続可能な地域社会の構築と担い手づくり**

生活の豊かさはもちろん経済的豊かさだけでなく、生活の質や安全かつ安心できる建造環境、親密な仲間の存在などが重要になってくる。

本稿を終えるにあたって、持続可能な地域社会のモデルを提案する。図3は、N（Nature：自然）、S（Societies：社会）、E（Economies：経済）、W（Well-Being：福祉）の四つの磁場が存在し、それぞれの磁場が互いに調和をとりながら、引き寄せられたり、反発しあったり、時間をかけて理想的な地域社会を構築していくことを示している。「自然」はエコシステムを破壊することなく、時間をかけて「保全」（conservation）の方向へ、「社会」は時間をかけて多様性を含めた「成熟」（mature）の方向へ、「経済」は時間をかけて「成長」（growth）の方向へ、そして医療や保健を包摂した「福祉」は時間をかけて「向上」（improvement）の方向へと、地域のなかで忍耐強く各磁場が自然共生社会の構築をめざして試行錯誤していく。そして、それらの磁場は価値観をもった人間の選択と人間の行動の自由が底流になければならない。そのためにESDの基本理念である持続可能な地域社会の構築を積極的に担える人材を緊急に育成しなければならない。なお、ESDの概念は「社会関係資本」の概念と相通じるところがあるが、本稿では紙幅の関係上言及しない[9]。

繰り返しになるが、われわれは地域から長きにわたって蓄積されてきた「地域の知恵」を学びつつ、その地域性を有した地域社会を市民が連綿として参加を通して構築してきた。まさにESDは、そのような創造的で意欲ある市民を育成するための教育である。筆者は地理（学）を学ぶことは、どのような地域社会を構築していくのかと、ほとんど同義であると考えている。

最後に提示した地域社会の構築モデル（図3）が、より洗練されたモデルにするために、多くのご意見を頂戴できれば幸いである。

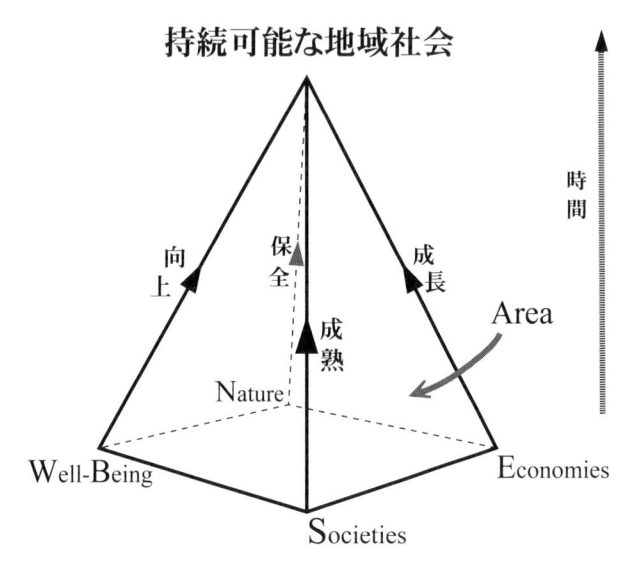

図3 持続可能な地域社会の構築に向けてのモデル
筆者作成。

## 注

(1) 福島義和（2011）：地域コミュニティの形成と「つながり」．徳田賢二・神原理編『市民のためのコミュニティ・ビジネス入門―新たな生きがいプラットフォーム作り―』専修大学出版局，pp.41~51．
(2) 住民参加の程度は、本文に示した「感受性→傍聴→参加→行動」のように消極的ものから積極的なものまである。
(3) 政策決定過程への住民参加を主張した中島（2007）が参考になる。
(4) 岡部明子（2003）：『サスティナブル・シティ―EUの地域・環境戦略―』学芸出版社．中島恵理（2005）：『英国の持続可能な地域づくり』学芸出版社
(5) 最近、「失われた20年」と称して、2009年までの20年間をさす場合がある。
(6) 福島義和（2009）：地域からESDを考える―イギリスの地方都市における民族多様性―．地理，54-1，pp.96~105．
(7) 2011年3月11日の東日本大地震で発生した難問の一つは、原発事故に伴う海洋の広範囲に拡がる汚染と生態系の破壊である。生物多様性に富む沿岸域の完全復活には、かなりの時間が必要であろう。
(8) 1980年代に大きな流れとなったディープ・エコロジーであるが、なかでも「生活地域主義（生命地域主義）（Bioregionalism）」は自分の身の周りの生態系の特徴を尊重し、それに合わせたような生活様式で暮らすことである。
(9) 社会関係資本は、「個人の中に蓄えられものではなく、集団あるいは社会との関係性の中に蓄えられ、しかも明示的でない点が特徴である。また、その蓄積も相互作用的で、循環的でもある。」（財団法人ユネスコ・アジア文化センター編（2009）：『ESD教材活用ガイド―持続可能な未来への希望―』ACCU）

## 参考文献

森岡正博（1994）：『生命観を問いなおす―エコロジーから脳死まで―』ちくま新書
鷲谷いづみ・矢原徹一（1996）：『保全生態学入門―遺伝子から景観まで―』文一総合出版
延藤安弘（2001）：『「まち育て」を育む―対話と協同のデザイン―』東京大学出版会
諸富徹（2002）：地域から持続可能な社会をつくる．世界，703，pp.126~135．
伊藤雅春・大久手計画工房（2003）：『参加するまちづくり―ワークショップがわかる本―』OM出版
今村光章編（2005）：『持続可能性に向けての環境教育』昭和堂
堂本暁子（2005）：『生物多様性―生命の豊かさを育むもの―』岩波書店
小澤徳太郎（2006）：『スウェーデンに学ぶ「持続可能な社会」』朝日新聞社
高岡貞夫（2007）：持続的な環境利用のための在来知識の再評価と地理教育．専修人文論集81，pp.143~156．
中島信（2007）：『新しい「公共」をつくる―参加型地域づくりの可能性―』自治体研究社
藤村健（2009）：『環境教育が地球を救う』駒草出版
K.J.Gaston（2010）：Urban Ecology. University Press
井田徹治（2010）：『生物多様性とは何か』岩波新書
生方秀紀・神田房行・大森享編（2010）：『ESD（持続可能な開発のための教育）をつくる―地域でひらく未来への教育―』ミネルヴァ書房
及川敬貴人（2010）：『生物多様性というロジック』勁草書房
日本建築学会編（2010）：『まちの居場所』東洋書店
鷲谷いづみ（2010）：『＜生物多様性＞入門』岩波ブックレット
花里孝幸（2011）：『生態系は誰のため？』ちくまプリマー新書
山本隆太（2011）：教員養成スタンダードと学会版教員養成ガイドラインからみた現代ドイツにおける地理教員像．学術研究（人文科学・社会科学編），60，pp.255~266．

# 理論編 3

# IGU/CGE が提起する 21世紀地理教育パラダイム
― 「人間―地球」エコシステム ―

梅村 松秀

❖ キーワード ❖
ルツェルン宣言、地理教育国際憲章、「人間―地球」エコシステム、
成長の限界、システム・アプローチ

## 1. 「国連持続可能な開発のための教育の10年」と地理教育

2005年からの「国連持続可能な開発のための教育の10年」(UNDESD)に対する日本の取り組みは、官民協働によるESD-J、アジェンダ21で推進機関として位置づけられたユネスコと連携しての取り組み、そして学習指導要領への位置づけなど、世界的な行動計画が進行中である。

一方、日本の地理教育関係者の間には、「流行」ものとみなす向きが少なからずある。その背景として「持続的な開発」自体に対する、教育そして地理教育が関わることへの懸念、あるいは「持続的な開発」という地球的な課題を認めつつも、地理教育が関わることへの懸念など、様々な理由があると思われる。

こうした中、世界の地理学・地理教育研究者による組織、国際地理学連合・地理教育委員会(IGU/CGE)は2007年「持続可能な開発ための地理教育に関するルツェルン宣言」[1](以下「ルツェルン宣言」とする)を発表した。

この宣言は、1992年リオ地球サミットの年に公表された「地理教育国際憲章」[2]に記されていた「持続的な開発」、知識理解対象としてのエコシステム(生態系)、学習方法としてのシステム・アプローチなどについての記述をもとに、IGU/CGEがDESDに積極的な関与をするうえでの視点として、あらためて強調、提起したものである。しかしながら、日本のESD教材の開発を促進する立場においてもほとんど論議された形跡がない。

冒頭に記したESD、あるいは地理学習におけるESDの扱いに対する懸念等について、地理教育の国際的な組織が提起した「人間―地球」エコシステム(生態系)概念とは、どのようなものなのか、「持続的な開発」とどう関わるのか、「ルツェルン宣言」の核心部分と思われる「持続可能な開発のための教育への地理学の貢献」を構成する、「『人間―地球』エコシステム(生態系)」、「持続可能な開発を実行する戦略」、「持続可能な開発を実行する地理的能力」、「持続可能な開発を高めるための学際的能力」のうち、最初の「『人間―地球』エコシステム(生態系)」部分について、表1の①～⑦を参照しつつ検討してみよう。

## 2. 地理教育国際委員会が提起する「人間—地球」エコシステム

まず、UNDESD に IGU / CGE が関与するにあたって「地理教育国際憲章」に記された内容を「持続可能な開発」の視点に基づいて提起するものであることが、冒頭に記される。ついで本文①に、IGU / CGE は UNDESD と「持続的な開発」への展望を共有することと、ESD の意義について示される。続く②で、UNDESD に示される行動計画のほとんどが地理的特徴を含むものであり、「持

表1 「ルツェルン宣言」本稿関連部分の抜粋
番号①〜⑦および文中の《 》内は筆者加筆・修正

---

（前文）
2005-2014 の国連の持続可能な開発のための教育の 10 年を持続可能な開発のための教育に国際地理学連合地理教育委員会が関与する絶好の機会である。現代の地球規模での変化は、21 世紀に人類へ課題を提起する。我々は、「持続可能な開発のための地理教育の宣言」を声明として示す。この宣言は地理教育国際憲章（1992）を次の視点に注目して拡大したものである。
　A．持続可能な開発のための教育への地理学の貢献
　B．持続可能な開発のための地理的カリキュラムを発展させるための基準
　C．地理学における持続可能な開発のための教育の中での情報通信技術の重要性

A．持続可能な開発のための教育への地理学の貢献
① 国際地理学連合地理教育委員会は 2005-2014 の国連の持続可能な開発のための教育の 10 年（UNDESD）の展望を共有するとともに、持続可能な開発のための教育（ESD）が「誰もが良質な教育から利益を得る機会を持ち、持続可能な未来のため、ポジティブな社会変革のために要求される価値、行動、そしてライフスタイルを学ぶ機会を持つという世界」に貢献していることがわかる。
② 環境、水資源、農村開発、持続可能な消費、持続可能なツーリズム、異文化間の理解、文化多様性、気候変動、減災、生物多様性そして市場経済を含む UNDESD の中では、ほとんど全ての「行動テーマ」が地理的特徴を持っている。この宣言は、持続可能な開発のパラダイムが全ての段階で、そして、世界の全ての地域で地理を教えることに盛り込まれるべきであると提唱する。

21 世紀のためのパラダイムとしての「人間－地球」エコシステムの持続可能な開発
③ リオ地球サミット 1992 で、世界のほとんどの国は、持続可能な開発を目標と認めることに合意した。アジェンダ 21 の第 36 条は持続可能な開発のための教育の重要性が記述されている。ヨハネスブルグサミット 2002 はこのパラダイムを拡大し、再確認したものである。
④ 持続可能な開発のための教育に対して本委員会の持つ視点は、「人間－地球」エコシステム（"Human-Earth" ecosystem）の概念に基礎を置く。「eco」はギリシアの語「oikos」に由来し、家庭を意味する。人間が生き抜くという観点からみると、家庭は得るより多くのものを消費すべきではない。生態学は、家事の科学とみなすことができる。我々は、自然、文化と社会と経済を含む「人間－地球」エコシステムの家庭を維持する必要がある。
⑤ 「人間－地球」エコシステムは、地球システムと人間システムとは差別化される。
⑥ 地球システムもしくは地表（geosphere）は岩石圏、土壌圏、大気圏、水圏、生物圏、人間生活圏というサブシステムから構成される。地球システムの外界は、宇宙、地球外の空間である。物質とエネルギーの交換が、太陽、宇宙空間と地球の間にある。地球は社会に必要な資源と自然の低ад《吸収源》を提供する。
⑦ 人間システムもしくは人間生活圏は、集落、農業、工業と交通というサブシステムから構成される。地理学者は、地表がどのように人間システムへ資源と生活空間を提供するのか、社会がどのようにして地球システムに影響を及ぼすのかを分析する。そのように、地理学者は自然科学と社会科学の間を結びつけ、全「人間－地球」エコシステムを研究する。
（抜粋ここまで）

続的な開発」パラダイムはすべての段階、すべての地域の地理学習に適用されるべきことが記される。

③で、「持続可能な開発」がリオ地球サミットで大部分の国の合意を得たものなること、その行動計画、アジェンダ21に教育の役割が明記されていることなど、IGU / CGEによる「ルツェルン宣言」が、国際的にも教育的にも正当性なることが示される。

このような「持続的な開発」の意義と地理教育内容との整合性、そして国際的な合意と教育が担うことへの正当性を記した上で、「持続的な開発」に対するIGU / CGEによる視点として「人間―地球」エコシステム概念に基礎を置くことが④に示される。

すなわちエコシステム（生態系）は、語源としての「家計」の意を包含し、家計は家庭経済における収支バランスの維持にあること。生態学（エコロジー）はエコシステムの収支に関することであり、「人間―地球」エコシステム概念には、地球規模における自然と人間活動の収支を図るという規範的な意味を含むことが示される。

続く⑤は、「人間―地球」エコシステムは、地球システムと人間システムに分けて考察できること、⑥、⑦で、地球システムと人間システムを構成するサブシステムのおもな要素が示される。地理学が考察の対象とするのは、地球システムが人間システムにどのように資源や生活空間を提供するのか、人間システムは逆に地球システムにどのような影響を与えるかについて分析することにあり、自然科学と社会科学を関連づけることであるという趣旨が記される。なお、⑥の後半部分「地球は社会に…」については、地球規模の収支についてシステム・アプローチの視点からの記述として、改めて4章で考察の対象とする。

## 3. 「持続的な開発」とエコシステム（生態系）とシステム・アプローチ

「持続的な開発」に対してIGU / CGEは地球規模の生態系の収支を図ることの必要性を、「人間―地球」エコシステム概念として提起した。「持続的な開発」を世界的な行動として決定づけた1992年のリオ地球サミットである。その実現に導いたのが「環境と開発に関する世界委員会」で、1987年にブルントラント報告の名称で知られる『地球の未来を守るために』を発表している[3]。このブルントラント報告の基本的方向づけをなしたとされるのがメドウズらによる『成長の限界』である。前者はエコシステムの概念を国際的な公文書に位置づけたこと、後者は20世紀後半の幾何級数的な世界人口と経済活動によってもたらされることをシステム・アプローチの手法で提起したものとして知られ、IGU / CGEが提起する21世紀地理教育パラダイムは、この二つの文献に大きな影響を受けている。

エコシステム（生態系）についての言及をブルントラント報告との関わりでみよう。翻訳版で450ページに及ぶ内容は全12章、持続可能な開発の定義、環境保全と開発の共存についての言及、そして経済活動と生態系の関わりが地球環境の変化に関わっていることなどが提示される。

「持続的な開発」と生態系の関わりについては、例えば第2章「持続可能な開発に向けて」の「持続的開発の概念」の項に次のように記される。

「…持続的開発は、生態系を破壊することなく、かつすべての人々にとって妥当な消費水準を目指した価値観を作り上げて初めて可能となる。…貧しい地域では、人口増加のために天然資源が食いつぶされ、生活水準向上のスピードを減速しかねない。問題は人口の多さだけでなく、天然資源の分布状況にもよるが、人口増加が生態系の生産力と調和して、はじめて持続的開発は可能となる…」(p.67)。

このように生態系の保全との関わりでの生活様式を創造することへの価値転換、そして地球規模の生態系と人口規模の調和を意識化することが「持続的な開発」の条件となることが示される。

次にシステム・アプローチに関する言及を、ブルントラント報告の基本をなしたといわれる、メドウズらによる『成長の限界』の記述にみることにしよう。

『成長の限界』は、地球の生態系における世界の人口増とそれに伴う経済活動による資源消費と汚染排出に関わる制約が、世界の発展に大きな影響を与えることを、システム・アプローチを駆使して提起したものとされ、1972年の初版、1992年第2版「成長の限界―限界を超えて―」、2004年第3版「成長の限界―人類の選択―」、そして2013年に第4版の刊行が予定されている。

第2章でとりあげた「ルツェルン宣言」の抜粋、①～⑦の文中、④の最後の文節「地球は社会に必要な資源（供給源）と自然の吸収源を提供する」は、2004年の第3版「成長の限界―人類の選択」[4]に示される「地球の生態系の中の人口と資本」（図1）との関わりから理解できる。

すなわち、地球システム論によれば、表1の⑥に記されるように、地球システムは、岩石圏、土壌圏、大気圏、水圏、生物圏、人間生活圏などサブシステムで構成される。地球をひとつのエコシステムとみた場合、生命圏は太陽エネルギーを

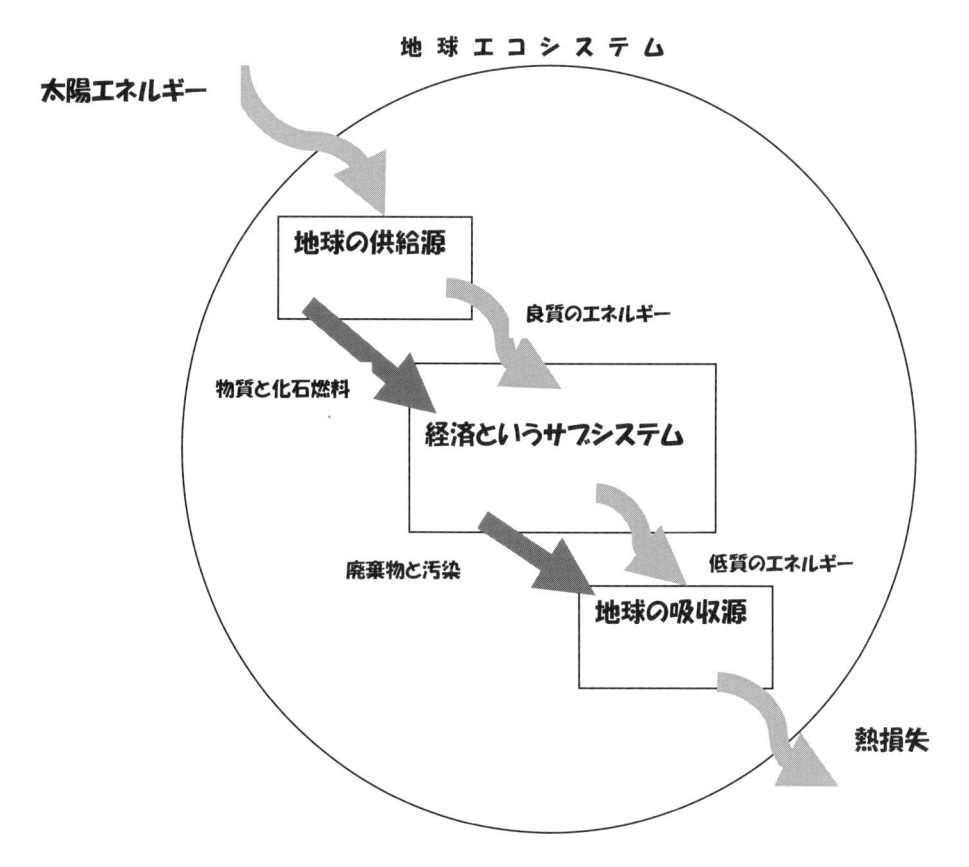

図1 地域エコシステムのもとでの人口と資本
出典：メドウスら『成長の限界～人類の選択』p.66を一部修正。

栄養物に転換できる植物を起点とする食物連鎖の総体としての生物群集であり、生命圏から分離した人間生活圏（これについては、例えば松井孝典『地球誕生のパラダイム』[5]を参照のこと）は、農地、森林、海、鉱山、大気（図1における地球の供給源）から資源、エネルギーを抽出することで地球上に拡大し、文明と呼ばれる人工物を生み出し（図1における経済というサブシステム）、それらのプロセスの結果として廃棄物、汚染、廃熱を、土壌、水、大気など地球の吸収源に排出する。人口規模と経済活動が小さいとき、地球エコシステムの循環が成立していた。しかるに20世紀後半からの人口急増と資源利用の増大は、結果として廃熱、廃棄物、汚染の増大をもたらし、地球外に放出される廃熱の一部をのぞき、地球温暖化現象に示されるように水、大気など吸収源の容量についての懸念が顕在化することになった。つまり、地球エコシステムは循環のドライブを加速（正のフィードバック）する一方で、土壌圏、水圏、大気圏などサブシステムにおける貯留（ストア）の変化が懸念されているのだ。

「成長の限界」は、地球エコシステムが正のフィードバックにあることの認識を、前文で次のように記す。「…成長が必ず崩壊につながるわけではない。成長ののちに崩壊がやってくるのは、その成長が行き過ぎの状態に達したときだけである。すなわち、地球の供給源（ソース）や吸収源（シンク）に対する需要が増加し、持続できるレベルを超えてしまったときである。…温暖化、海面上昇はサブシステムとしての大気圏、水圏の変化と破たんを示唆するものである。」（序文、xi）

IGU / CGE が提起する「人間―地球」エコシステム概念は、エコシステムとしての地球観、地球システムを構成するサブシステムとそれらサブシステム間のつながりをシステム的な見方を取り入れることを提起したものと考えられる。

## 4. IGU / CGE の提起をうけての地理教育の挑戦

IGU / CGE によって提起された「人間―地球」エコシステム概念に対して、日本の地理教育関係者はどのように考えたらよいのだろう。

留意しなければならないのは、「人間―地球」エコシステム概念は、UNDESD に呼応しての「ルツェルン宣言」において、21世紀地理教育パラダイムと銘打って提示されていることだ。誤解を恐れずに記せば、近代科学を特徴づけるものとしての分析的あるいは要素還元主義に基づいた地理学と地理教育から、ホリスティックな視点としてのシステム・アプローチへのパラダイム転換を提起したものとみることができる。

「地理教育国際憲章」に明記されていたエコシステム（生態系）、システム、システム・アプローチ等、この20年間、ほとんど気づかれることなかった。日本地理教育学会編纂による『地理教育用語技能事典』（2006）に、生態系、システムの用語は採用されていない。一方、イギリスの中等地理テキストにおいては、90年代初めのテキストにエコシステム、システム・アプローチに関する項目が位置づけられ、近年のテキストの中には（例えば、Key Geography for GCSE：2007）、エコシステムのみならず水循環というトピックに、インプット、フロー、貯留（ストア）、アウトプットなど、システム分析の用語をみるようになった。

IGU / CGE の「持続的な開発」に関わる提言は2007年の「ルツェルン宣言」においてより明確に示されることになった。進行中の「地理教育国際憲章」の改定作業においても、大きな変更はないことが伝えられる。IGU / CGE の提言を「流行」ものと判ずる見解は、どれほどの時の経過をもってよしとするのだろう。

「持続的な開発」に向けての「人間―地球」エコシステムの提言を検討するにあたって、エコシステム（生態系）、システムなどの扱いについて、どのような対応が考えられるのだろうか。

まず、環境ではなくなぜエコシステム（生態系）なのかという疑問がある。例えば『地理学辞典（改訂版）』（二宮書店：1989）における記述、「生態系とは、ある地域に生活する生物全体とその生活空間を充たす無機的自然が形成する系である」に示されるように、生物と非生物とが織りなすシステムであること、その中では人間もその一部にすぎないことについての認識が含まれ、自然に対峙する、自然は利用されるべき存在といった、かつての地理学観のもとでの環境学習における扱いと大きく異なる。ブルントラント報告の前文に示される、人類は生態系を構成する一つの要素なることの認識が求められる。

ところで、学習指導要領は、中学校理科学習指導要領の「自然と人間」の項の中で、生態系についての内容の取扱いを明示している。このことは、日本では理科的な内容として位置づけられていることを示すものである。しかしながら、「地理教育国際憲章」、「ルツェルン宣言」で提起されていることは、単に生態系に関連した知識理解を進めることに限られるものでない。

すなわち、「持続的な開発」とは、地球を一つのエコシステムとしてとらえ、それを構成するサブシステム間におけるエネルギー、物質、情報等の移動に注目することで、地球生態系の収支バランスの実現にあることを表明しているものととらえなければならない。

本稿で触れることができなかったが「ルツェルン宣言」における「持続可能な開発を実行する戦略」の項に「一貫性のある戦略」として、「再生可能資源と閉じた経済循環…」という記述がある。前者は『成長の限界』に示された、ハーマン・ディリーによる「持続可能な限界」についての三つの条件[6]に則っており、後者は「開放システム」と「閉鎖システム」というシステム的な見方（これについてもイギリス中等地理テキストでの扱いあり）をする際のツールについての言及である。これらエコシステムの概念、システム・アプローチの手法についての言及は、地理という教科指導者に求められる資質として提起されているとみなければならない。

終わりに、現在のESD地理への取り組みにあたっての展望を記す。ESDに対する地理教育分野でのこれまでの成果を概観するに、IGU / CGEによる提起と関連づけての論議はほとんどされることとなかった。しかるに本書実践編に示される、熱帯林の開発問題にみられるように、生態系を意識しての教材化の事例はその先駆けとなるだろう。

具体的には、当該地域における生きもの（植物、動物、バクテリア）と、それを取り巻く非生物的環境（大気、水、土壌や気候）としてのエコシステム（生態系）という認識、そのエコシステムのもとで、人間の諸活動と自然との関わり合いのすがたを学習活動として描き出すことは、「持続的な開発」を言い表すものとしての循環型社会といったキーワードを思い起こさせるものである。また、同じく実践編における原発をテーマとした教材事例は、地球システムにおける廃棄、汚染、の吸収源としての大気、水、土壌などについての認識の重要性を否応なしに意識せざるを得ない。

幸いなことに「システム」という用語を古今書院の出版物検索にみると、100以上の結果が得られる。このことは地理学研究での実績があることを示唆する。地理教育におけるESDの論議において、システム・アプローチに関連したトピックは、地理学研究との新たな協働の必然性を提起するものである。

注
(1) 大西宏治（2008）：持続可能な開発のための地理教育に関するルツェルン宣言（全訳）. 新地理, 55-3・4, pp.33~38.
(2) 中山修一（1993）：地理教育国際憲章（全訳）. 地理科学 48, pp.104~119.
(3) 環境と開発に関する世界委員会、大来佐武郎監修（1987）：『地球の未来を守るために』福武書店

(4) デニス・メドウズ著、枝廣淳子訳（2004）：『成長の限界』ダイヤモンド社
(5) 松井孝典（1997）：地球誕生のパラダイム．黒崎政男編『サイエンス・パラダイムの潮流―複雑系の基底を探る―』丸善, pp.87~116.
(6) ハーマン・E・ディリー著、新田巧・蔵本忍・大森正之共訳（2005）：『持続可能な発展の経済学』みすず書房

この本に記されている「持続可能な限界」三原則は次の通り。
- 土壌、水、森林、魚など「再生可能な資源」の持続可能な利用の速度は、その供給源の再生速度を超えてはならない
- 化石燃料、高品位の鉱石、化石地下水など「再生不可能な資源」の持続可能な利用の速度は、持続可能なペースで利用する再生可能な資源へ転換する速度を超えてはならない
- 「汚染物質」の持続可能な排出速度は、環境がそうした汚染物質を循環し、吸収し、無害化できる速度を超えてはならない。

**参考文献**

黒崎政男編（1997）：『サイエンス・パラダイムの潮流―複雑系の基底を探る―』丸善

ジェラルド・マーテン著、関本秀一訳（2005）：『ヒューマン・エコロジー入門』有斐閣

ドネラ・メドウズ、デニス・メドウズ著、枝廣淳子訳（2005）：『地球のなおし方』ダイヤモンド社

## コラム

## ロカリティ

　筆者がロカリティに注目するのは、1980年代後半以降グローバリゼーションが進むなか、場所のもつ重要性が増大していることによる。かつて非場所性 (placelessness) が指摘され、グローバルネットワークの席捲が地理学の存在に警笛を鳴らした時代があった。しかし、どのよう経済活動にも、また人間の生活にも「場所」は歴然と存在している。問題は、その場所に地域性（locality）が喪失し、工場だけの場所や高層の住宅団地が林立する郊外が繁栄のシンボルと誤解されてきたのである。まさに、混在的土地利用は、良くないと。

　本書理論編2でも少し言及したが、地域固有の文化や資源、歴史、価値観、宗教観、世界観など、市場経済社会や近代的な都市計画ではややもすると排除の対象になってきた非経済的な側面を重視することが、実をいうと地域再生のキーポイントであり、地域の画一性を避け、魅力的な場所を創造する近道でもある。地産地消、循環型社会、内発的発展、多文化共生、地域通貨、フードマイレージなどが、近年注目されている背景には、効率よりも満足、成長よりも成熟、画一性よりも個性、純化よりも混在といった方向に、社会のあり方が確実にシフトし始めていることがある。そのような方向の先に「持続可能な地域社会」が構築されるはずである。それを支えるのは、国家でも企業でもなく、確実に主体性や積極性を持ったアクティブな市民の活躍である。

（福島義和）

**参考文献**
藪野祐三（1995）:『ローカル・イニシアティブ―国境を越える試み―』中公新書
藪野祐三（2005）:『ローカル・デモクラシーⅠ―分権という政治的仕掛け―』法律文化社

## コラム

# 開発コンパス

　ユネスコ刊行による『持続可能な未来のための学習』(2005年) は、教員研修、カリキュラム開発、教育政策、教材作成など幅広い対象に、ESD の展開に関連した指針が示されている。この中でジョン・フィエン（地理教育や環境教育に関する著作あり）は、ESD 3 領域の「自然」「経済」「社会」を学習活動として展開するにあたって、社会、経済、環境、政治の 4 つの側面が同時進行的、かつバランスのとれた発展が求められるとして、「持続可能性への羅針盤」モデルの活用を提起している。

　このモデルは、開発教育の分野で活用された開発コンパス（Development Compass Rose）を発展させたもので、イギリスの中等地理テキスト（例えばオックスフォードの geog.123 シリーズなど）においては、ある学習主題の概要、あるいは問題の範囲や問題解決への視点を獲得するツールとして、その活用が提示されている。

　通常、コンパスは、N、E、S、W の 4 方向の頭文字で周囲への方角が示されるが、開発コンパスは頭文字を、それぞれ Nature（自然）、Economy（経済）、Society（社会）、Who decide?（決定権はだれ？）と読み替えられている。オックスフォードの地理テキスト geog.3（2002）では、学習対象としての地域（国）の写真資料をコンパス図の中央におき、4 つの側面を意識した問いかけや気づきを促し、その結果をコンパス図に位置づけ、学習課題やその傾向を明らかにするような学習活動が提示されている。また、発展課題として、隣接あるいは対角線上の側面との関わりでの問いかけや気づきを見出す学習活動も提示されている。

　例えば、原発というテーマを扱う場合、コンパス中央に対象(地域)画像をおき、ブレーン・ストーミング（＝思いついた言葉を次々に挙げていく手法）などで出されたことを、経済（E）、自然（環境）（N）、社会（S）、政治（Who decide?）の 4 つの側面を意識しながら配置する。結果の一覧はテーマに対する学習者の関心や課題意識のありようを示すものであり、学習テーマへの動機づけ、探究の視点の明確化を示すものとなる。さらに N、E、S、W の間に注目することで、例えば経済活動の環境への影響といった課題の設定が可能となる。開発コンパスは ESD のみならず日常的な学習活動に応用されるべきツールである。

（梅村松秀）

**参考文献**
Development Education Centre [Birmingham]（1995）: Development Compass Rose - a consultation pack -
ジョン・フィエン著、石川 聡子・塩川 哲雄訳（2001）:『環境のための教育―批判的カリキュラム理論と環境教育―』東信堂
Rosemarie Gallagher and Richard Parish（2002）: geog123series. Oxford
ユネスコ編、阿部治・野田研一・鳥飼玖美子監訳（2005）:『持続可能な未来のための学習』立教大学出版会

# あとがき

　編集作業が大詰めを迎えている5月の連休時に、執筆者の一人である柴田祥彦先生が、アメリカ（ワシントンD.C.とシアトル）のESDの現場視察から戻られた。その帰国後の感想として「学校教育の現場で、ESDがアメリカより日本の方が進んでいる」といった趣旨のメールが流れた。日本発のESDを発信する余地は、まだまだありそうである。

　さて、われわれがこのたび上程したこの書籍が、多少なりとも地理教育界に刺激的な存在であれば喜ばしい。正直、ESDへの風当たり、いや偏見に近い見解も散見される。日本におけるESDの普及スピードが極めて遅い。おそらく私が考えるに、'sustainability（持続性）'の概念が抽象的で把握しがたい。さらに'development'も「開発」や「発展」というように教える（研究する）視点によってニュアンスが異なり、教材も多様化する。本書の13名の執筆者のなかにおいても、確かにESDへの温度差はみられる。重要なことは、教える側がどれだけSDを意識化するか、つまり地域を教える際、SDを共通項的に意識することが重要である。数多くの事例を網羅的に勢い良く教えるのではなく、地域事例を学ぶことによって、地域のもつ力、つまり地域の知恵（Traditional Local Knowledge）を習得させることが大切である。

　今後のESDの展開にとって、やはり地域のもつ「多様性」（Diversity）と「生態系」（Ecosystem）の概念は、さらに検討しなければならない。その理由は、地域はそもそも複合体Complexであり、その多様なる複合体が、地域の魅力であり、数多くの知恵が蓄積されているからである。学校現場において、ある意味では教科書を凌駕した「学校外の現場」に教師自らが出て行き、率先して「地域の知恵」を生徒たちと探って頂きたい。

私自身も時間があればフィールドに出かけている。今年も、ケララ州（インド）、チョンゲチョン（ソウル）、下北半島、石巻、まもなく夏休みには3年目の長崎に向かい、斜面地居住の実態を調査する予定である。地域から、いや地域に長年住んでいる人々から学ぶことは、実に多い。まさに、「生きていく力」「生きてきた力」は、現場からでしか学べない。

　3枚の石巻の写真をみて頂きたい。いずれも2012年5月5日に撮影したものである。依然として大量に残る瓦礫、地盤沈下が原因で広範囲に水溜りが残る海岸部、被災前からのシャッター通りと明治・大正時代の建築物（市街地）。これらの現実を、われわれはどのように受け止め、行動し、教える(教材化する)のか。まさに、災害予防や文化的多様性を含んだESDの真価がこれから問われる。

　本書が、SDを意識しつつ教壇に立たれる多くの先生方に少しでもお役に立てればと願ってやまない。最後に、冒険的な書籍を出版して頂いた古今書院、ならびにくじけそうな我々に終始辛抱強く励ましていただいた関 秀明氏に深く感謝致します。本当に有り難うございました。

2012年5月吉日<br>
編者を代表して　福島 義和

【執筆者】 ＊執筆順

| 泉　貴久 | いずみ たかひさ | 専修大学松戸高等学校教諭、専修大学商学部非常勤講師 |
| | | はしがき、4.1、理論編1、コラム執筆 |
| 鈴木 拓磨 | すずき たくま | 練馬区立豊玉中学校教諭　　　　　　　　　　　　　　1.1 執筆 |
| 吉川 真生 | よしかわ まさみ | 千葉市立泉谷小学校教諭　　　　　　　　　　　　　　1.2 執筆 |
| 梅村 松秀 | うめむら まつひで | 特定非営利活動法人 ERIC 国際理解教育センター監事 |
| | | マトリクス、1.3、理論編3、コラム執筆 |
| 髙田 準一郎 | たかた じゅんいちろう | 岐阜聖徳学園大学教育学部准教授　　　　　　　　　2.1 執筆 |
| 内野 善之 | うちの よしゆき | 東京工業大学ソリューション研究機構先進エネルギー国際研究センター |
| | | 研究コーディネーター　　　　　　　　　　　　　　2.2 執筆 |
| 柴田 祥彦 | しばた よしひこ | 東京都立国分寺高等学校主任教諭　　　　　　　　　2.3 執筆 |
| 永田 成文 | ながた しげふみ | 三重大学教育学部教授　　　　　　　　　　　　　　3.1 執筆 |
| 池下 誠 | いけした まこと | 練馬区立開進第一中学校主幹教諭　マトリクス、3.2、コラム執筆 |
| 宇土 泰寛 | うと やすひろ | 椙山女学園大学教育学部教授　　　　　　　　　　　3.3 執筆 |
| 伊藤 裕康 | いとう ひろやす | 香川大学教育学部教授　　　　　　　　　　　　　　4.2 執筆 |
| 福島 聖子 | ふくしま きよこ | 横浜 YMCA 日本語講師　　　　　　　　　　　　4.3、コラム執筆 |
| 福島 義和 | ふくしま よしかず | 専修大学文学部教授　　　　　理論編2、コラム、あとがき執筆 |

【編者】

**泉　貴久**　　いずみ　たかひさ　　専修大学松戸高等学校教諭、専修大学商学部非常勤講師

1967年東京都生まれ。専門分野は地理教育、社会科教育。主な著書に『地球に学ぶ新しい地理授業』古今書院、2005（共編著）、『中等社会科の理論と実践』学文社、2007（共著）、『地理教育カリキュラムの創造―小・中・高一貫カリキュラム―』古今書院、2008（共編著）、『地理教育講座第I巻　地理教育の目的と役割』古今書院、2009（共著）などがある。

**梅村　松秀**　　うめむら　まつひで　　特定非営利活動法人 ERIC 国際理解教育センター監事

1939年東京都生まれ。専門分野は地理教育。主な著書に『地球に学ぶ新しい地理授業』古今書院、2005（共編著）、『PLT Secondary Module、Place We Live―私たちの住む場所―』ERIC 国際理解教育センター、2008（共編著）、『PLT PreK-8 合冊版『木と学ぼう』―より良い質の環境教育を目指して―』ERIC 国際理解教育センター、2009（共編著）などがある。

**福島　義和**　　ふくしま　よしかず　　専修大学文学部教授

1949年大阪府生まれ。専門分野は都市経済地理学、イギリス・インド・ラテンアメリカ地域研究。主な著書に『現代社会の地理学』古今書院、1989（共著）、『図説　ラテンアメリカ―開発の軌道と展望』日本評論社、1999（共編著）、『市民のためのコミュニティ・ビジネス入門―新たな生きがいプラットホーム作り―』専修大学出版局、2011（共著）などがある。

**池下　誠**　　いけした　まこと　　練馬区立開進第一中学校主幹教諭

1959年東京都生まれ。専門分野は地理教育、社会科教育。主な著書に『これが新しい地理授業の現場だ』古今書院、2005（共著）、『国際理解と平和をめぐる論点・争点と授業づくり』明治図書出版、2006（共著）、『地理教育用語技能事典』帝国書院、2006（共著）、『地理教育カリキュラムの創造―小・中・高一貫カリキュラム―』古今書院、2008（共著）などがある。

| | |
|---|---|
| 書　名 | **社会参画の授業づくり**　―持続可能な社会にむけて― |
| コード | ISBN978-4-7722-5262-1 C3037 |
| 発行日 | 2012（平成24）年8月11日　初版第1刷発行 |
| 編　者 | 泉　貴久・梅村松秀・福島義和・池下　誠　Copyright ©2012　T. Izumi, M. Umemura, Y. Fukushima and M. Ikeshita |
| 発行者 | 株式会社　古今書院　　橋本寿資 |
| 印刷所 | 三美印刷　株式会社 |
| 製本所 | 三美印刷　株式会社 |
| 発行所 | 古今書院　〒101-0062　東京都千代田区神田駿河台2-10 |
| TEL/FAX | 03-3291-2757 / 03-3233-0303 |
| 振　替 | 00100-8-35340 |
| ホームページ | http://www.kokon.co.jp/　　検印省略・Printed in Japan |

# いろんな本をご覧ください
# 古今書院のホームページ

## http://www.kokon.co.jp/

★ 700点以上の**新刊・既刊書**の内容・目次を写真入りでくわしく紹介
★ 環境や都市, GIS, 教育など**ジャンル別**のおすすめ本をラインナップ
★ 月刊『**地理**』最新号・バックナンバーの目次＆ページ見本を掲載
★ 書名・著者・目次・内容紹介などあらゆる語句に対応した**検索機能**
★ いろんな分野の関連学会・団体のページへ**リンク**しています

## 古 今 書 院

〒101-0062　東京都千代田区神田駿河台 2-10

TEL 03-3291-2757　　FAX 03-3233-0303

☆メールでのご注文は order@kokon.co.jp へ